精神科医の話の聴き方10のセオリー

小山文彦

創元社

はじめに

「困ったことになった、悩んでる、迷ってる」

そんな時、友達や家族などにそのつらさを打ち明けた経験は誰しもあることでしょう。時には、自分が「聴き手」に回ることもあると思います。カウンセリングや精神療法以前に、こうした相談を受ける場面で、とても大切なことがあります。困っている側にとって、もしも、その悩みや迷いを解消する方法が見つかれば、もちろん解決につながります。ただ、多くの場合、そうした解決策は人によって様々で、よかれと思って発した助言が、相手にしてみれば受け入れがたい意見に過ぎない場合もあります。時に恣意的な示唆や助言は、押しつけがましく、困惑さえ招きます。また、その助言が、双方にとって正解だったとしても、自分自身で悩みながら見出した打開策の効力には及びません。悩みや困惑には、残念ながら「続編」や「次回」がつきもので、そこでは自前の解答（ソリューション）でなければ、なかなか応用がきかないからです。

こうしたつらい気持ちの吐露に対しては、アドバイスよりも先に、まず受容と共感が大切でしょう。例えば、悲嘆に暮れている人を理論・理屈が癒すとは思えません。悩みを抱えた人、来談者＝クライエントをその場面の中心に据えて、「傾聴」という方法が大切にされるのは、自前のソリューションが生み出される過程を見守り、育むからだと筆者は考えています。「どうしたらいいのかわからない」「何とかしなければいけない」といった思いが大きすぎて「頭でっかち」になってしまうと、その人自身持ち前の、等身大の「脳作業」が進まなくなる。そうした場面は多いものです。気持ちの吐露を傾聴していくことで、その時はあふれ出しそうな感情が浄化され（カタルシス）、その後初めて前を向けるかもしれない次のステップに進めるものでしょう。

そして、あらためて「聞く」と「聴く」。この両者の違いを意識してみましょう。

街を歩いていると、自動車や電車の走る音、人々の靴音、話し声、信号の音……様々な音が聞こえてきます。そんな街のざわめきに混じり、とても美しく心ひかれるような音楽が流れてきたとしたら、ある人はふと足を止め、その調べに耳を傾ける。その瞬間、その人の意識は、「聞く」から「聴く」に変わっていることでしょう。意識しなくても聞こえてくるものを聞いている場面と、ある対象に関心を持ちながら聴く場面、両者の違いは、耳を傾けて聴く姿勢であるか否かです。音楽を聴く、人の話を聴く、すなわちリスニング（listening）の場面では、次に示すような姿勢や意識が必要とされ、リスニングマインドというものを構成しています。

◆耳を傾けて「聴く」姿勢。
◆相手を支持し、共感しようとする姿勢。
◆相手の気持ちを汲み取れる感覚。
◆言葉だけでなく、話す態度や間《ま》など。
◆非言語的メッセージへの注意。
◆聴く側の安定(感)。

この傾聴の姿勢から、あらゆる対話場面が心優しく運ぶことは、よりよい人間関係、快適職場、問題解決志向(ソリューション・フォーカスト・アプローチ)につながるはずです。

本書では、話を聴き、悩みを受け止めるための10のセオリーについて解説し、それらを基盤としたいくつかの傾聴・対話場面を紹介しています。専門的な治療技法に走らず、精神医学と臨床心理学の専門用語をできるだけ多用しないよう努めました。それら以前にある、ごくあたりまえのことが、地に足をつけたように理解され、活用されることが本書のねらいです。家族、友人、職場、医療・福祉、様々な状況において、言葉を聴き、心を聴こうとするみなさまの一助となることができれば幸いです。

精神科医の話の聴き方　10のセオリー＊目次

第Ⅱ部　暮らし・仕事・健康問題について「聴く」

第Ⅲ部 医療・危機介入の場面で「聴く」

第Ⅰ部　悩むこころを受け止める10のセオリー

プロローグ――対話場面のホスピタリティ

まず、来談者（クライエント）と聴き手（治療者、カウンセラーなど）との対話は、どのような環境・構図のもとで行われるべきでしょうか。静穏で、ある程度、秘匿性が保たれ、話しやすい環境が設定されるべきことは言うまでもありません。それでは、構図を定める聴き手側の配慮とは何でしょうか。本来、配慮というものは、その意図と試みに始まります。そして、経過と結果において奏功すれば、初めて客観的な成果（アウトカム）になるものでしょう。これは、傾聴、受容、支持という各過程においても同様です。まずは、対話場面におけるホスピタリティを意図し、そのコンセプトがかなえられるように面接を進めていきます。その際に求められる一般的な配慮を挙げてみましょう。

◆くつろいで話せるように配慮する。
◆優しくよい理解者であるような第一印象が与えられるように努める。
◆共感的に、興味深く聴く（傾聴する）態度である。

◆感情をできるだけ自由に表出できるよう、あたたかく受容的な雰囲気をつくる。
◆なるべくクライエントに多くを語らせて、必要な質問をし、内容を理解する。

いずれも聴き手にとっては基本的で、イメージしやすいものばかりのはずです。しかし、これらの配慮が意図された通り奏功し、クライエントの思いにかなうサポートにつながるには、必要なエレメントが数多くあります。その一つひとつを挙げ、ブラッシュアップを目的に、この第Ⅰ部は「悩むこころを受け止める10のセオリー」としてまとめました。
読み進んでいただいた後は、各項末尾のチェックボックスを自己点検に活用してください。その結果、最終項目に示した「関与しながらの観察」を日々実践できるよう願っています。

Prologue

Theory 1

口は一つに、耳二つ

対話場面のリズム、テンポ、バランス

人の話に耳を傾ける。言葉を聞き、思いを受け止めようとする――。その過程では、話す側のリズムやテンポをうまく量るように、時に相づちを打ちながら、そのペースに（聴き手が）調和していくことが大切です。特に、これまで誰にも打ち明けられず胸に秘めてきた悩みを告げる人が、はじめから流暢に言葉を続けられるものではないことが多いからです。だんだんと、話す側と聴く側の発する言葉や相づちが、互いに似たペースで行き交い、確かめ合い、双方の呼吸が合うように傾聴の過程は進みます。

聴き手の持つ雰囲気や表情、相づちのタイミングもとても大事な要素で、これらは共感の項であらためて詳しくお話しします。ただ、傾聴の過程でより重んじられることは、その対話全体で話し手の言葉がどれだけ優勢に多く語られ、大切に聴かれているか、といったバランスです。最初は傾聴の基本通りに、ただ黙って相手の言葉に耳を傾ける姿勢から始まっていても、

そのバランスが途中から崩れることもあります。例えば、話の内容を理解した聴き手のほうが、自身の経験や評価も含めて、結局はずいぶんたくさんの言葉を発しているような場合は、往々にしてうまく聴けていないものです。

さて、「口は一つに、耳二つ」。これは世界の有名な格言で、人の話を聞くことの大切さを説く際によく用いられるものです。あらためて、人には口が一つなのに耳は二つあるのはどうしてでしょうか。それは、自分が話すだけでなく、その倍の数だけ人の話をキチンと聴かなければならない、ということです。人の悩みを受け止める場合に限らず、対話する二人が双方の言葉を聞かずに、まるで独り言と同じように口々に言葉を発していては会話になりません。相手の言葉を聞いてから呼応しないと意思疎通は図れないものです。座談会、漫才やコントなど、私たちが何人かの対話ややりとりを見聞きする場合も、互いの発する言葉や返し方のかみ合った応酬や反応に関心を抱きます。そして、そこでは、前述のリズムやテンポ、双方のバランスによる流れのよさが醍醐味でもあり肝心なところです。

この世界の格言を受けて、私たちは、話すよりも聞かなければならない生態、運命にあるとまでは言いません。けれども、現代のストレス社会にあって、自分が話すのみではなく、相手の話をその倍ほど聴ける仕組みを携えていることは、生まれながらの賜物かもしれません。話すよりも先に十分に聴く姿勢が、私たちの自然なありさまだと悟れることこそ、人のために役立つ術《すべ》を獲得していく過程の始点なのです。

●他の人の面接を聞いてみるといい

普段、自分が人の話をどれくらいちゃんと聴けているのか？　――自身の胸に手を当ててみるような機会が必要です。その助けになるのは、他の人が個人面接をしている、もしくは誰かの悩みごとを聴いている様子をそばで見聞きしてみることです。他人《ひと》のクセや偏りは案外よくわかるもので、「人の振り見て、わが振り直せ」のごとく自省することは有益です。

筆者は病院勤務が長いのですが、ここで研修医の頃の経験をお話ししましょう。

当時勤めていた大学病院では外来の診察室がいくつかに分かれていました。まだ駆け出しですから、周りは先輩の精神科医ばかりです。一番目の診察室では教授が診察していて、筆者は、どこか空いている部屋で予診（上級医の診察の前に行う病歴聴取）の係として患者さんの話をうかがいます。両隣の診察室にそれぞれ先輩たちがいますが、その面接の様子が多少なりとも聞こえてきます。

例えば、患者さんが泣いたり怒ったりしながら多々訴えかけている様子がうかがえる部屋や、医師が病気の解説や専門用語を使って話していることのほうが圧倒的に多い部屋があります。後者では、ご家族（娘さん）が「うちのお父さんは、認知症かしら」と心配して連れてきていたのです。その先輩医師は、確かに認知症に精通されていたのですが、「何をもって認知症を疑うのか？　そもそもアルツハイマー病とは○○なる定義で、今のお父さんは診断基準に照らせば……（中略）簡単に決めつけてはいけない！」というふうに二十分ほど語り続けていました。診察の後、患者さんとご家族が、疲れ切った顔をして部屋から出てきたことが印象的でした。

本来は聴き手であるにもかかわらず、自分が話すほうが多くなってしまう理由として、①自身の体験や知っていることを伝えることで、相手に役立ててもらいたいから、②とにかく何か話さないと相手の役に立てていないと思う、または不安だから、といった二つが考えられます。

前述の先輩医師は、とても患者さん思いでしたが、認知症に関しては自信たっぷりなあまり、診察場面がまるで講義や独演会のようになってしまいました。前述の①に当てはまりますが、次第に自身の話に気分が高揚してしまったのでしょう。このような状況に陥らない、あるいは改善策としては、Q＆A（質問と応答）の意識を保ちながら、文字通り問答を進めることです。

そして、十分な説明を要する場面では、例えば「もう少し詳しくお話しして大丈夫ですか？」とか、「ここまでで、おわかりにならないことはありませんか？」などの言葉を添えて、相手の理解やゆとりを確認しながら進めるべきでしょう。

また、とにかく何か相手の役に立つようなことを言わなければいけない、といった不安を解消しようとして、聴くより話すことが先に立つ場合があります。これも責められるものではありませんが、結果として十分に聴けない事態を招いてしまいます。このような場合は、逆に自分自身が人に何か相談する、話を聞いてもらう場面を思い起こしてみてください。仕事の方法や具体的な質問以外には、人は必ずしも何か答え（正解）を求めて人に相談するとは限らないものです。自身の感じている思いや体験を打ち明け、それが聴き手に受け止められて、何となく安堵すること（カタルシス）は多くの人が体験しているのではないでしょうか。

●沈黙を活かすこともできる

そして、対話場面では、時に沈黙を活かすこともできます。知人との会話において、自分の知らないことや驚くようなことを聞いた時、「あぁ、そう」と言ってしばらく沈黙することがあります。その「あぁ、そう」の後には、「知らなかったなあ」とか「驚いたなあ」などが続くことが多いものですが、この沈黙の間合いには意外な思いや驚きが含まれています。長い間合いであれば、それほどの感嘆が込められていることでしょう。

沈黙の間合い、そこには言葉で表現するよりも繊細な感情や言い表しにくい思いが含まれていて、いわゆるノンバーバル（非言語的）な表現の一つです。時には「どう答えてよいのだろうか」とか「それほど大変な思いをしてきたのですね」と思う気持ちを沈黙の間合いで伝えようとすることもあります。この伝え方の精度、伝えたい思いが意図した通りに伝わるかは、対話の流れや関係性とともに表情、しぐさ、雰囲気などのノンバーバルな要素によります。例えば、石のように表情とやわらかさのない存在が放つ沈黙には、伝達や受容の意味を持たせることはできません。

筆者は以前、いのちの電話相談員の研修会で、この沈黙についていろいろと意見を交わしたことがあります。ある相談員が、コーラー（相談者）の話を聴き、受容していても、どう答えていいかわからず、しかも何らかその場しのぎに早く答えることがいいとも思わなかったため、しばらく黙っていたのです。そうすると、コーラーから、「プロのカウンセラーだと思って電話をかけたのに、あなたはずっと黙ってばかりで何も言ってくれないじゃないか！」と怒られてしまったそうです。もちろん、この相談員の方も、リスニング（傾聴）において、「沈黙を恐れない」という原則はご存じでした。しかし、互いに顔の見えない電話では、前述のノンバーバルな要素が醸し出されないため、沈黙を活かすことは容易ではありません。話す側にしてみれば、どうやら聴いてくれているようだけど、沈黙が長くなってくると、相手が聴いてくれているのかどうかすらわからなくなります。沈黙を活かすことができるのは、双方が対面または隣り合わせにいるなど、言葉や目線を交わすベクトルが明確に存在する場合に限られると考えてよいでしょう。

Check Box ①

□ 対話場面のリズム、テンポ、バランスに気を配れているか。
□ 対話場面が「講義」や「独演」になっていないか。
□ 聴く側が自身の不安を緩和するために語りすぎていないか。
□ 沈黙を活かすこともできる（対面の場合）。

Theory 2

対話の「場」を決める

昨今のストレスチェック制度や「働き方改革」などの国の政策が契機となり、職場のメンタルヘルス対策の重要性がさらに強調されています。本書のテーマである話の聴き方、コミュニケーションは、その基盤となります。働く毎日、上司と部下、同僚との対話場面で、その「場」を意識することが大切です。

例えば会社の中で、最近元気がなく心配な部下がいて、上司が話を聴きたいと思う時、人の往来が激しい廊下で話しかけることはまずないでしょう。はたまた、いきなりその人を部長室などに呼んでも緊張させるかもしれません。社員食堂やカフェで話そうとしても、周りには大勢の人がいるためプライバシーが保てそうにありません。また、日頃ほとんど話すこともなかったため唐突に思われるのではないか……など、いろいろ心配しながら、ふさわしい場所を考えることでしょう（このような心配は、「配慮」につながるものです）。

さて、対話の「場」とは、このような心配、配慮から選ばれた「場所」だけを指すものではありません。この他に、対話する二人の位置（角度や距離）も大きな意味を持ち、「場」を構成しています。

正面から向かい合う関係

視線が合い、キチンとした話、何かの決めごとや確認などを行う場合にふさわしい位置関係です（図1）。この場合は、銀行や役所の窓口のように、正面に係や問答を交わす相手がいます。

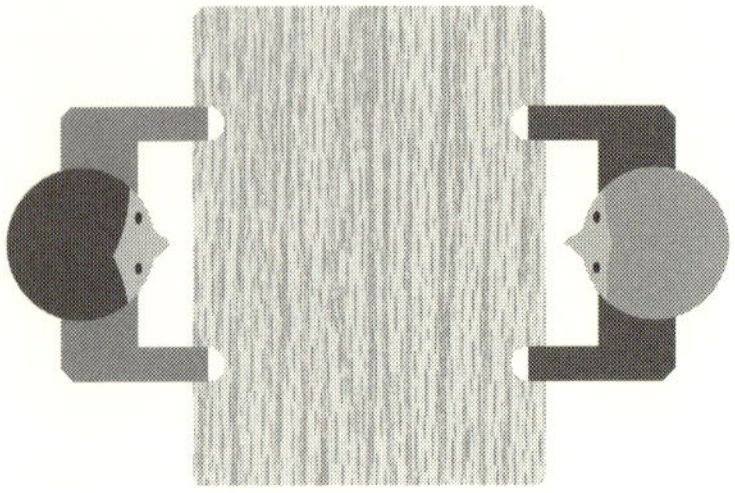

図1　視線が合い、キチンとした話

何か記載して見せたりすることも行いやすく、手続きや契約を行う場面に適しています。また、互いの距離は比較的近いのが自然です。

反面、この位置関係は、視線も発語も向き合うため、緊張感を伴いやすいでしょう。特に、どちらかが寡黙な場合には、話すことを強いられるような圧迫が生じがちです。まるで取調室のような窮屈さと言ったらよいでしょうか。そして、まじまじと顔を見合わせたままの対話が苦手な人も少なくないため、相談ごとや困りごと（悩み）を聴く場合には他の位置関係を選ぶほうがよいでしょう。

90度法――左に話し手を置く（聴き手が右利きの場合）

一般的に、相談ごとや困りごと（悩み）を話したり聴いたりする場合にふさわしいのは、90度法と呼ばれる位置関係です（図2）。聴き手が右利きの場合は、向かって左側90度に悩みを打ち明ける人（話し手）がいるほうが聴きやすいものです。右利きの聴き手にとって自身の右側のスペースには、筆記やパソコン操作などのため右手を置きます。ペンやマウスを持って動かし、「運動的な注意」が働いています。この手の動きや腕自体が、話し手にとって物理的なブロック（遮断）にもなります。

図2　悩みごとなども話しやすい

傾聴する際の「感覚的な注意」は、その運動領域やブロックのない左側に向けるほうがバランスよく持続できます。また、双方の目線も常には向き合わず、うなずいたり、表情をうかがう場合に、タイミングを合わせて「目を配る」ことができます。

横に並んで座る関係

これは、並んでベンチに座っているような位置関係です（図3）。混んだ電車や待合室などでは密着するよ

図3　打ち解けた、くだけた会話

うなことも仕方ありませんが、対話・傾聴する場合について考えてみましょう。

一般に、くっついているか離れているかといった双方の距離は、双方の間柄（関係性、親密度）によって変わってくるものです。また、どれくらい（座面の奥に）深く座るか浅く座るのかも、着座する時間の長さや気持ちの落ち着きによって違ってきます。例えば、いったん座っても、またすぐに立ち上がるような短時間の腰かけと、カフェのソファに深く座っている場合との違いです。

打ち解けた間柄でのくだけた会話やリラックスした状態での対話にふさわしいと感じられます。

これらの位置関係と聴き方により、どれだけ聴きやすいか、またどこまで聴けるかについて、参考にしていただける経験談を紹介しましょう。

位置関係と聴き方が相手の心を開く

神経性無食欲症（いわゆる拒食症）を抱えたその少女は十六歳、とてもがまん強くかつ頑固な性格でした。その分、女性らしい体形に変化しそうな自身に相当強い制限をかけていました。

母親を見ていると、ご飯もお菓子もよく食べて、テレビを見ながらソファに横になって、太っている。自分は、あんなふうにならずに、いつまでもやせっぽちなコでいたい。油断して食べすぎたと感じたら、それ以上に動けばいい。そうして食べないでいると、みるみるやせていく。まわりがとやかく言っても、「やせがまん」的でも、私のがまんの結実だから、それは快感。「ちゃんと食べなさい」なんて、醜い大人の女からの余計なお世話でダイキライ！……でも、ゴメンネ（これは封印中）。

言わば、そんな状況に停留していた彼女は、自ら望まない入院生活で出くわした担当医にも親和性は感じない。なかなか簡単には心を開いてくれないのです。

当時勤めていた病院では、入院患者さんが五十音順に病棟の診察室に呼ばれ、次々に問診する形の回診がありました。そこでは、立派な机を挟み真正面から向き合う形で、担当医が、睡眠、食欲、便通、気分などを尋ねていく。それに加えて、朝に夕に病室を回ることも日常でしたが、何も不調や悩みを訴えず元気そうにふるまわれると、言葉を聞いていても心は聴けていないのではないか？と懸念がふくらんでくる。そんな毎日が続きました。食事の状況を尋ねる前から、「お昼も全部食べました」とにっこりされる。なかなか心情が聴き取れない。

この事態に、担当医は健康を管理している立場であることに立ち返ってみました。「心」のエントランスからはなかなか立ち入れそうにないのだから、「身体」「健康」の話題から日参を続けました。外来玄関に近い診察室で、今度は90度法で対話します。検査結果を見ながら、「まだ貧血がひどいよ、鉄が足りないね。カリウムもギリギリの値」などと告げると、普段の会話よりも興味がわくようで、ちょっとした内科学、体の仕組みに関する質問が続き、その内容が意外なほど深まっていきます。そのうち「身体の状態が危険な羸痩《るいそう》をめざしたいわけではない」「やせっぽちでいることが主義なら、健康で活き活きしたやせっぽちをめざそう」とするテーマが共有されていきました。

そして、ある日の夕刻、彼女は歩き疲れたのか、病院玄関に近い待合室のベンチにポツンと座っていました。「先生、ちょっといい？」と小さな声に引き留められました。その流れのままに横に並んで座ります。「今日、お母さんが……」とさらに小さな声で言葉が途絶えます。「……お母さんが？」と間《ま》を置いてオウム返しをしてみます。彼女の母親はほぼ毎日お見舞いに来ます。今日は何か特別なことがあったのだろうか？　体重や食事量ばかり問われてつらくなったのか？　ありうることを思い浮かべながら、待ちます。

堰《せき》を切ったように涙を流して、両足をぶらんぶらんと揺らしながら、「お母さんが……かわいそう」とようやく再開。そしてまた「……かわいそう？」と返していくと、母親は若い頃にはスリムだったこと、仕事をしながら彼女や弟を育てている、だから家では疲れてゴロゴロしていてもいいのに、太ってしまって、私がそれを嫌がるから、かわいそう、との思いが語られました。
夕刻の待合室のベンチで初めて聴けた彼女の思いは、母親の女性らしさへの嫌悪と裏腹にある敬意や感謝のように感じられました。以降、母親を交えた面接も進み、夏季の入院生活後の登校へとつながる転機であったと思われます。

Check Box ②

□対話する場所に気を配れているか。
□話し手、聴き手の位置関係に留意できているか。
□お互いの視線、距離を意識できているか。

Theory 3

率直に受け止める——転移と解釈への留意

「率直」とは、ありのまま、ということです。相手の話を聴く時、まっすぐに、解釈しすぎないで聴くことが大切です。しかし、これは意外に簡単ではありません。相手の話をまっすぐに受け止めようとしても、その人が醸し出す雰囲気や、表情、語気などに必ずと言っていいほど何らかの影響を受けるからです。その影響から先入観や偏見や、時には過剰な感情移入が起こり得ます。怖そうな相手には萎縮したり身構えたり、魅力的な相手には過度に親和的になるなど、哲学の教えの通り、人のイドラ（先入観や偏見）は様々です。

好ましい思い——陽性感情・転移

話す側も聴く側も、相手に向ける主観的な感情を二つに分けることができます。主観的に相手が好ましい場合を陽性感情と言い、好ましくない場合を陰性感情と言います。陽性感情が優勢であれば、相手の話す内容そのものよりも、要は好ましいから受容しやすく、ゴールは「結びつき」に置かれがちです。この好ましい思いを患者さん（クライエント）が治療者（セラピスト）に向けた場合、過去に患者さん自身が経験した重要な結びつきを持つ存在（親、恋人など）を治療者に投影していることがあります。優しく擁護的で母のような存在に、自身の気持ちを吐露し、悩みを受け止められたい思いなどです。これを陽性転移と言います。この転移を受けて、治療者側に生じた相手に向ける主観的な思いを逆転移と言います。

治療者―患者関係において、このような転移が生じることは少なくないのですが、陽性感情・転移が喜ばしいことだと教育されることはほとんどありません。かつて筆者が、思春期の女性患者さんから治療自体が難渋するほどに慕われた時、先輩から「そんな陽性感情を抱かせるキミに問題がある！」と指摘されたことがあります。陽性感情・転移というものすら知らず、無防備に親しみやすく接したことには確かに問題があります。陽性感情の求めるゴールが「結びつき」であると察知し、コントロールが必要です。もしも「結びつき」ばかり求められれば、それは治療（セラピー）にとっては異物となってしまいます。

陽性感情・転移は悪玉か？

しかし、陽性転移悪玉論とでも言えそうな風潮は、実は残念なことなのです。なぜなら、陽性転移は、患者さん自身の心理的な抵抗を溶かすからです。転移以前の陽性感情は、この相手にならい話しやすい、信頼できそうだといったラポール（相互の信頼関係）の原材料となります。そして、相手が親愛を抱いた母のようだといった転移は、なかなか打ち明けられなかった気持ちや内在し続けていた何かをあらわにさせる動きを促進するのです。その作用を知りながら、客観的に「なぜ陽性転移を向けられているのか？」という疑問に焦点を当てることが重要な意味を持ちます。例えば、贈られたプレゼントに手放しで喜ぶのではなく、望ましくは喜びながらも「この贈り物が持つ意味は何か？」を話題にすることです。陽性感情・転移を打ち消さないコントロールを図りつつ、親愛や贈り物に込められた思いや象徴される何かを聴くことができれば、とても有意義な時間となるでしょう。

●好まざる思い──陰性感情・転移

一方で、患者さん側が陰性感情を抱く場合、治療者側は概して解釈の余地なく残念に感じることと思います。なぜ嫌悪されるのか？　信頼されないのか？　……一通りの総点検が必要でしょう。しかし、一般に、陽性感情・転移が、相手に対する懐かしさや安心・安定志向に伴って抱かれやすいのに対して、後悔・悔恨と不安・焦りを感じてしまう相手には陰性感情・転移を抱きやすい傾向があるようです。

逆に、治療者や医療・福祉の専門職が、患者さんやクライエントなどに陰性感情を抱く場合には、やはりプロとしては対処しておかなければなりません。特に、転移以前の好まざる感情については、まず打ち消すことが可能であれば問題はありません。「嫌な相手」を「嫌だ」と感じること自体をコントロールする、言わば情動焦点型コーピング（対処法）の奏功例と言えます。しかし、それが難しい場合には、かえって打ち消すことに注力せず、感じられることは仕方ないと、ある意味あきらめることも決して悪くないと思われます。その上で、嫌悪を覚える自身の感情に対し、交流分析で言うところのA（adult）の自我状態を働かせることが理想的です（自我状態についてはセオリー8で詳述）。具体的には、「今、ここ」で自分が施すべきことは何か？について焦点化し実行することです。陰性感情については、同僚にも打ち明けたり、日記などに書き下ろすなどして、個々の間で内密に鬱積《うっせき》させない手立てが必要です。

また、交流分析で言われる裏面的交流についても一考してみるのがよいでしょう。互いに相手を批判する自我状態（parent＝P、特にcritical parent＝CP）同士が交叉し、ケンカの様相であっても、心底の本音（child＝C）は「もっとわかってほしい」とか「もっとうまくやりたい」という願いを抱えながらのケンカもあるわけです。嫌悪や非難が表立っていても、正しくは陰性感情のみが向けられているとは言えない交流状況です。

●猜疑心と当てはめ型解釈は邪魔になる

例えば、相手の話す内容は真実か、何かの作為か?などと思えば思うほど、ある程度の長時間は聴いていられなくなります。十分に聴く前から抱く猜疑心《さいぎしん》は、率直に聴くことを大きく妨げます。事実確認の作業は、聴いた後から初めてできるのです。猜疑的に聴いていたがために十分に聴けなかったということは、受け取れる情報がとても少ないままで終わってしまったということになります。

また、相手の話を聴く過程で、その所見や所感をどう扱うかも受け取れる情報量を左右します。語られた内容を直接話法の形で多く聴き取り、所見としてまとめる過程では、何らかの症候や診断名に当てはめるべく解釈を早まらないことです。例えば、長年飼ってきた愛犬を失って悲嘆に暮れている状況を「ペットロス」という言葉に集約することは簡単です。しかし、話を聴いた後に想起されることとしては、やはり、どんな背景に起こったエピソードであったか、暮らしの環境はどうなのか、今これからどうしたい気持ちが感じられたか、などのほうが次回の対話場面がある場合にはとても重要な意味を持っています。

一般に、コミュニケーションにおける情報量は、対面、電話、メールの順に少なくなります。仕事上の連絡でもメールで事足りることと、足を運んで対話しなければ伝えられないことがあるでしょう。情報量の少ないコミュニケーションであればあるほど、様々な誤解を生みやすいことも経験した人は多いのではないでしょうか。そして、情報量が少ないからこそ、ある程度俊敏に返信しておかないと、相手はいろいろな解釈をする可能性があります。相手の話を十分に聴けているか否かは、その所要時間ではなく情報量によるのです。

Check Box ③

- □ 陽性感情・転移の功罪を認識できているか。
- □ 聴く側が抱く陰性感情にはどう対応しているか。
- □ 猜疑心と当てはめ型解釈を抑えて聴けているか。

Theory 4

「専門家」風にならない

メンタルヘルスの「専門家」、心の「専門家」……みなさんは、「専門家」という言葉にどんなイメージをお持ちでしょうか。これまで筆者は、人の心に触れて何らかのお手伝いをしようとする自身について「専門家」を自ら名乗ったことはありません。専門職であることは、数多《あまた》ある資格ではなく公認免許で認知されるものです。そして、プロフェッショナルであろうとする努力は常に必須です。ただ、今までずっと「専門家」風に在りたい、とは思ったことがありません。専門家たらんとする何かをまとうことを避けたいからです。

●専門用語は使い方次第

医師と患者との会話でありがちなのが、医師側の専門用語を駆使した説明の失敗です。目前の相手に対する説明という作業の本質は、理解されながら伝えるということでしょう。用語と論理を理解されながら伝えるためには、難解な言葉や表現をわかりやすくひもといて示す努力が必要です。そこを怠るか、あるいは、そのようなおもんぱかりが端《はな》からない、いずれの場合もプロの業《わざ》ではありません。一般には耳慣れないような言葉を連発した時、多くの人が受ける印象は難解だということでしょう。その他に与える印象があるとすれば、それが「専門家」風なまといに当たる部分だと思います。

かつて、あるカウンセラー資格の講義で試みたのですが、まず受講者に「両手で頭を抱え、目を閉じている女性」の写真を提示しました（図4）。そして、その女性がどんな状態にあるのか、思うところを各自答えてもらいました。

図4　両手で頭を抱え、目を閉じている女性

例えば、「頭が痛くてつらそうだ」とか「悩みごとを抱えて大変そうだ」など、たくさんの正解が挙がってきます。しかし、その一方で、「片頭痛発作を疑う」とか「幻聴による作為体験か」などの難しそうな答えも返ってきます。これらには、ご名答！とは言えません。いくらか専門用語を学ばれていても、それらは難解な想像に過ぎません。そして何よりも、「つらそうだ、大変そうだ」のように当事者の心情に添えていないからです。わかりやすさを意識することから、伝える力は磨かれるのです。難解な用語をかみ砕いて解説するためには、たくさんの平易な表現を身に

つけていなければなりません。伝える、伝わることで初めて配慮や協調が促されることは、日々体験します。

●事例性はそのままに、疾病性メガネで見すぎないこと

職場におけるメンタルヘルス不調とは、労働者が心身・精神の不調をきたすことを意味しますが、何らかの疾患の程度や病状を疾病性《しっぺいせい》と呼び、その疾病性などが原因となり、ある労働者が呈する「いつもと違う様子」を事例性と呼びます。疾病性の具体例は、過換気発作、洞性頻《どうせいひん》脈《みゃく》、緊張型頭痛、めまい、胃炎の増悪、高血圧の動揺、慢性疼痛《まんせいとうつう》などの心身症状と、不眠症、適応障害、不安障害、うつ病、依存症候群（アルコール、ギャンブル、他の薬物）などがあります。事例性には、体調面では、疲れやすさや頭痛、肩こり、腹痛などの体調不良の訴えが増えること、行動面では、集中力の低下、休日明けに特に不調を訴える、口数が少ない、つきあいが悪くなる、細かいことにこだわりすぎる、飲酒量や酔い方の変化、怒りっぽいなどが見られ、勤務に様々な支障をきたすことと理解できます。この疾病性と事例性の両視点から不調者の「今、ここ」について考えることは、就労可否の判断の際に大変重要です。

ただ、これらの疾病性は、症状や疾患の名前すなわち専門用語で表現されています。「抑うつ」「緘黙《かんもく》」などの用語は、カルテやメモにそのまま記入しやすく、伝達としては間接話法に

近くなります。医療現場や学会発表などで病歴・経過をまとめる際には、これらの用語が多用されます。一方、事例性は、その人がどんな様子なのか、具体的な状況について表現されています。状況の描写は、疾病性のように専門用語をつなぐのではなく、ありありと現状を描くような文章表現となります。例えば、「普段は快活で明るい社員が、最近は元気がなく、仕事にも意欲がわかないように見える」状況は、誰にとってもわかりやすいものです。具体的で直接話法に近い表現となります。しかし、同じ状況を「抑うつ的、意欲減退」のように疾病性視点で表した場合、伝わってくる情報量はかなり少なくなってしまいます。そればかりか、言葉少なく意欲的に見えないことの理由を疾病性に求めている点が過度に限定的です。そのまま社内で伝達されていくことで、誰かの疾病性情報が一人歩きしてしまう恐れもはらんでいます。事例性はそのままに扱い、疾病性メガネで見すぎないことです。

ある日、産業医を務める企業におもむいた時に、社内の保健師と人事担当者から、「普段は陽気でほがらかな○○さんが、最近は口数も減り、いつもイラだっているように見える」ため「心配なのだ」と相談がありました。そのため健康相談としての面接が細心の配慮のもとで設定されました。最近の勤務状況、勤怠、ストレスチェック、職場環境・組織分析結果、健診結果などを見て対面します。実態がどうなのか見極めていく作業が進んでいきます。この事例性について、業務起因性、働きがい、満足度、人間関係、職場または作業環境、健康問題、蓄積疲労、メンタリティ、生活習慣、嗜癖《しへき》はどうか、といった多軸的な視点から見て、診ることができます。

「口数も減り、いつもイラだっているように見える」ことの原因は様々なはずです。それは仕事に限らない。職場環境に限らない。まして、病気とは限りません。疾病性の実態を診ずに、事例性を疾病性メガネで見ることとは、誤った断定を生むリスクを高めてしまいます。誰かの「今、ここ」の状況をありのままにとらえ、できるだけ実態に忠実に表現することから単視眼的な解釈は減るでしょう。「新型うつ病」などの裏づけのない用語の流布や、発達障害への関心の高まりから、診断・病名でとらえがちな傾向が懸念されます。現在、「職場のメンタルヘルス不調」とされているものの中には、精神的健康（メンタルヘルス）問題の範疇《はんちゅう》にないものが多く含まれてしまっています。いつもと違う、周りと違うことは、多様な変化、特徴であり、そもそも単純化や集約が当てはまらないということについて、新たに認識してみるとよいでしょう。

専門家風にふるまったことへの自戒

「こうすればうまくいく!」と、何ごとも一度の成功体験から、少しばかりの自信を持つこともあっていいだろう、とは思います。ただ、治療における専門的な技法についても、対象である人は単一でなく、治療者―患者間の関係性なども様々です。二度目も必ずうまくいくとは限りません。皮肉にも、ビギナーズ・ラックという言葉が存在するゆえんでもあるのでしょう。筆者自身の失敗についてお話しします。

それは、まだ医師になって二年目のある日のことです。ずっと「あごが痛い」と訴える高齢男性が外来診療にいらっしゃいました。近くの外科や口腔外科を受診し、種々の検査を受けても原因不明なため心因性を疑われて精神科に紹介されました。その一年前、筆者には大学病院で心因性疼痛を抱えた女性の治療経験がありました。当時は大学の先輩が何人もいらして、教授の示唆も受けました。読み、聞き、学び、病棟看護師の観察記録も毎日参考にできました。そして、その女性は見違えるように回復されたという経験をしていたのでした。

そして、今は自分自身が一人で外来診療を担い、初めての方（初診患者）へ対応している自負もありました。

「なるほど！　このようなケースには、痛みの受容、限界設定、オペラント条件づけ、疼痛《とうつう》閾値《いきち》、抑制系神経回路、セロトニン、ノルアドレナリン、三環系抗うつ剤、離床、ポジティブ・フィードバック……」と、臨床治療上のポイントがすらすらと浮かびます。カルテには、痛みの神経回路のイラストも描きながら説明をしていきました。「このような治療方法に則って、こうした方にはこういうことをすれば、よくなるのです」のごとく流暢で円滑な説明だったと思います。そして、この薬をこの量で投薬すれば、きっと二か月くらいで痛みが消える、とイメージできました。「いつからどんなふうに痛いのか、どんな病院でどんな検査を受けたのか、どんな治療を受けたのか」、本来の聴きどころではありますが、そのあたりは予診担当の臨床心理士が聞いて記録してくれたことで、重複して尋ねることはしませんでした。

ひとしきりの説明の後には、「あなたの痛みは、あなたにしかわからないことでしょう。どこの病院に行っても、何ともない、異常なし、という検査結果はうれしくはなかったでしょう。どこも悪くありませんと言われても、どうしてこんなに痛いのだろう、と腑に落ちなかったでしょう」という言葉も添えました。そして、次回は一週間後に来院いただくよう予約を取り、患者さんは帰りました。

しかし、一週間後、その患者さんは来ませんでした。

「来ない、キャンセル？……まさか!?」と思いました。

その高齢男性が現れなかった理由は、はっきりと把握できたわけではありません。しかし、振り返ってみると、当時の筆者は、治療的な戦略を自分の頭の中で最初から用意しすぎてしまっていたのでした。このような症例では、このようにすればきっとうまくいく、と。理論上「このように」とふんだんにイメージできていても、目前の人を「今、ここ」に診ていたのだろうか、心情に添えていなかったのではないか、と思います。その高齢男性から見れば、ずいぶん若い医師の自信過剰なまでの対応は受け入れがたかったのかもしれません。けれども、「何を説明されたかよりも、どのような態度で医師が聴き、話してくれたか」、この後者が患者さんに伝わる重みを筆者が体感できていなかったことは間違いありません。過信と慢心のため、まだ駆け出しの医師が初心者マークを外して突っ走った結果でした。

筆者のこの経験は、相応の経験が乏しいにもかかわらず専門家になりきり、専門家風にふるまったことへの自戒となっています。

Check Box ④

- □専門用語を使う場合、状況と対象は適切か。
- □日頃から、状況をありのままに伝えることを意識できているか。
- □自分のペースとイメージが、対話上、先行していないか。

Theory 5

理解と示唆を急がない

目前の話し手（クライエント、患者さん）は、聴き手との間にラポールが形成されてこそ「本当のところ」を打ち明けるのでしょう。これを大切に受け止め、取り扱うべきことは言うまでもありません。こんな機会は、そうそうあるものではないのだと知り、まず聴き手は、その言葉と心情に添うことに注力すべきです。吐露する「今、ここ」に至るまで時間がかかり、相応の重みを携えた言葉を即座に理解できない場合もあります。聴き手の解釈が実情と乖離することもあり、即時的な理解と何らかの示唆を急いではいけません。共感的理解に至るまでにふさわしい相づちや質問、返すべき言葉について考えてみましょう。

一巡りの共感と相づち

第Ⅱ部でも触れますが、「はい、そうですね。わかりました」などのように即座に相づちを打って肯定することが共感的理解ではありません。ひととき傾聴した後のフィードバックとして、「今、〇〇だと感じたとおっしゃいましたが、その気持ちをこれまで抱えておられたのですね」のように返します。それに対し、来談者から「そうだったんです」と返ってくれば、言わば一巡りの共感が生まれ、理解できていくと思います。

この過程に挟む相づちの打ち方も大きく影響します。原則としては、相づちを挟むテンポ（スピード）も強さ（トーン）も、話し手を追い越さないということでしょう。相づちを挟むタイミングの目安は、文節と句読点になります。診察室などにおいて、患者さんが、ゆっくり話している時には緩徐についていくように。口調が早まってくれば、追いつけるように。そして、話し手の語調を超えて強くなりすぎないように。要するに、スピードはせいぜい並走までに制限し、語調・語気の強弱に合わせるのが調和的でしょう。

返し方としては「はい」が原則で、時々「そう（ですか）」などを挟むほうが自然かもしれません（「はい」のボーカルについては後述）。「うん」は、ある程度以上に親しい間柄に限るべきで多用できません。相手との距離が近づくに応じて「うん」と返す場合も、その連続でなく、時々「はい」を挟むほうがよいでしょうか。そして、無言のポーズ（休止）を挟むのも、理解に要する時間や重み、息継ぎに応じていれば、むしろ自然な応答でしょう。少し遅れながらついていく、相づちの一法でもあります。

●「そうですね」と「なるほど」

また、「そうですね」は、場合によっては早計、表面的な印象を相手に与えかねません。それほど早く理解でき同調できるのかと、話した側に疑問を抱かせることもあります。来談者の実体験から語られた重みのある話を、その体験をしていないはずの聴き手が、簡単に理解できるはずがありません。「そうですね」がご法度であることは、ビジネス書などにも書かれており、その代わりに、「さすがですね、素敵ですね」などがよいとの提案もあります。ただ、これも場面と相手次第でしょう。例えば、「そうですね」の語尾「ね」を「か」に変えて、スローに「そう、です、か」「そう、だったのですか」などのほうが、むしろ聴き手の返し方としては率直でしょう。

また、「なるほど」は、話を一区切りつける場合に用いるとよいことがあります。ただ、これも、聴き手自身がそれまで知らなかったことやわからなかったことを初めて聞き出した際には、容易に単独では用いないほうがよいと思います。話し手の（その人ならではの）経験の重みや抱えてきた苦悩などの経緯をおもんぱかり、「なるほど（＋）、そうだったのですか」と受け止めた返答のほうが共感的な相づちとなるでしょう。

繰り返しますが、来談者は、聴き手側の素早い理解を性急に求めてはいないと思うのです。苦悩や経験の長さと重みに対して、安直な了解では釣り合いがとれず、不信を招くことになりかねません。聴き手にとってわからないことがあれば、腑に落ちない時点で、そのことを伝えるほうが率直です。「どうしてそう感じたのでしょうか?」「その点をもう少し詳しくお話しいただけますか?」などを挟んででも、さらに理解したい姿勢でいることのほうが重要なはずです。

●変えようとしない、押しつけない

かつて、臨床心理学者の河合隼雄さんの著書『こころの処方箋《しょほうせん》』(新潮社)を読んで、強く印象に残った「灯を消す方がよく見えることがある」という言葉があります。河合さんは、ご自身が子どもの頃に読んだ次のような話を紹介しています。

——何人かの人が漁船で海釣りに出かけ、夢中になっているうちに夕闇が迫り、あたりが真っ暗になってしまった。必死になって灯を掲げて方角を探るが、まったく見当がつかない。すると、一同の中の知恵のある人が灯を消せと言う。不思議に思いつつ灯を消すと、目がだんだんと暗闇に慣れてきて、遠くのほうに浜辺の町の明かりがぼーっと見えてきた。そこで帰るべき方角がわかり、無事に帰ってくることができた。

人が目標を失って独りで暗闇にいると、不安や寂寥感《せきりょうかん》、疑心暗鬼や悔恨などに囲まれるものだろうと思います。今までの自分にも、これからの自分にも、確かなものが感じられず、希望など見えない、そんな長い時間なのかもしれません。何らかの打開や可能性というものが脳裏をかすめるまで、今に至るまでの過去に煩わされ悩んでいるとしましょう。これから打開や可能性の方向に進むとして、その障壁となっている煩悩が過ぎ去り、落ち着くまで時間はかかるものだと思います。それ相応に時が経過して、暗闇に目が慣れる（暗順応《あんじゅんのう》できる）うちに、かすかな光がうっすらと見えてくる。その過程で、ぽっと誰かに灯を差し出された瞬間、暗順応で見出せた光は彼方に消えてしまうのです。

ずっとこのまま、この先も真っ暗で何も見えないだろうとつらくとも、「さて、今をどう過ごすか、もうしばらく休むか、撤退か」など自身と直面しながら、ようやく「少なくとも、どう在ろうか」と自問自答が始まります。そこに救いはあっていいかもしれません。目先の灯や助け舟は救済のはずです。しかし、差し出された示唆や助言がまさに正解だったとしても、自分自身で見出した打開策の効力には及ばないのです。暗闇は、一度とは限らないでしょう。独りで悩んだ経験は誰しも数多あるでしょう。そこでは自前のソリューションでなければ、次に応用できないだろうと思います。

目先に差し出される灯は、誰かがよかれと思って発した助言や示唆でしょう。けれども、暗闇にいる人にしてみれば、今は受け入れがたい意見や押しつけに過ぎない場合もあります。特に、「こう進めば救われる」のような言葉には保証がなく、差し出す人が学び知ったことか経験知からの引用に過ぎないかもしれません。暗闇の中に、希望の光を見出すのも、そこから歩みを決めるのも、来談者自身であること、聴き手はそれを忘れずに並走したいものです。

Check Box ⑤

□相づちのタイミングとトーンについて、どんなことに気をつけるべきか。
□「なるほど」の用途はどのように工夫すればよいか。
□あなたの示唆が「目先の灯」にならないために、どのようなことに気をつけていけばよいか。

Theory 6

"I'm OK, You're OK"であること

例えば、自分が大好きな音楽家の新しい作品を手に入れた時、あなたはどんなふうに聴きたいでしょうか？　できれば、静かな部屋で誰にも邪魔されない時に安心して聴きたいものです。その音楽家のファンならば、あらかじめ作品に対しても好意的な関心と共感的な姿勢があり、さらに深く鑑賞できるものでしょう。

●ちゃんと聴ける環境を整える

家庭や職場で、困っている人の話を聴く場合は、この音楽を聴く場合と少し似ています。ちゃんと聴ける環境を整えた後、その人の発する言葉や表情、態度などに関心を向けていきます。思い切って悩みを打ち明けた対象（聴き手）が、自分の話に関心を持ってくれていることに気づくと、話す側は少し安心できます。さらに、しばらく傾聴した後、その節目のようなタイミングで、聴き手からの要約（まとめ）を返すことで、相手は受け止められた感覚を得られ

ることでしょう。

「安心して話せる」と「落ち着いて聴ける」、この双方の関係性から受容と共感が生まれてきます。悩みを聴きながら、相づちを打つタイミングや問いかける言葉のトーンなど、これらは、間《ま》であり抑揚であり、ボーカル表現の一種と考えられます（セオリー7で詳述）。経験的に、話し上手や聞き上手な人は、（歌が上手という意味ではなく）対話場面でのボーカルがとても心地いい人たちです。

共感は相手に同調することとは異なる

対話場面における人と人との関係性を考える場合、"I'm OK, You're OK" という状況が理想とされます。つまり、「私は私であってそれでよい、あなたはあなたであってそれでよいのだ」と互いの現状を認め合う関係性です。もしも、相手の発する言葉をさえぎったり、批判したり、関心がないかのようにふるまう一人がいれば、そうはいきません。言わば「私はよいのに、あなたがよくない」（I'm OK, You're not OK）では交戦状態を招き、気持ちを伝え支え合う間柄とはほど遠くなります。さらに、「自分もダメ、あなたもダメ」（I'm not OK, You're not OK）は「みんなダメ！」につながってしまいがちで、コミュニケーションは成り立たず、虚無感や孤立から深刻な状況を招きかねません。

"I'm OK, You're OK"が含む「認め合う」こととは、相手の現状を否定せず共感的姿勢で相対することでしょう。ただ、共感とは相手にすべて同調することとは異なります。相手が悲しければ自分も悲しくなるとか、相手が怒っていれば自分も共に怒るなど、言わば共振することで仲間にはなれそうですが、共に問題解決をめざすことが難しくなる場合も多々あります。求められる"I'm OK, You're OK"では、「あなたが残念に感じている状況を聴いていたら、私もまったく同様に残念だ」ではなく、「あなたが残念に感じている状況を聴いて、私はそれも無理はないと思い察することができる」と認めることでしょう。

この認め合う関係性とは、相談・カウンセリングや治療の場面に限って必要なものではありません。むしろ、家庭、職場での日常のコミュニケーションに、本来備わっているべきエッセンスだと思われます。

Check Box ⑥

□聴く環境をどのように整えればよいか。
□話し手への関心を向けること、傾聴後の要約を返すこと（の実践）。
□"I'm OK, You're OK"について、例を挙げて説明してみよう。

Theory 7

「ボーカル」への意識を高める

ここでは、音楽に関連する話題から始めます。

言葉がメロディにのって、歌が出来ます。その歌を聴いてどんな印象を受けるか。それを決めるものは、歌詞の意味だけではないでしょう。むしろ、歌い手の声の質、旋律と言葉のテンポや抑揚、速さ、リズム、休符の挟み方などが相まって、聴き手に伝わります。洋楽の歌詞とその文脈がわからずとも素敵なバラードはたくさんありますね。そして、一般的に、スローな曲に似合う歌唱は、エキセントリックなものよりもハートウォーミングなボーカルでしょう。

バーバルとノンバーバル

さて、コミュニケーションにおいては、verbal communication（言語的コミュニケーション、以下バーバル）と non-verbal communication（非言語コミュニケーション、以下ノンバーバル）という二つの方法があります。傾聴の場面であれば、聴き手の相づちの打ち方も、質問の投げかけも、ねぎらう言葉も、バーバルとノンバーバルが相まって、話し手に伝わります。うなずきながらの短い言語、「はい」ひとつをとっても、そのリズムやテンポ、速さ、語気の強弱でずいぶん異なったメッセージを伝えることができます。

例えば、はっきりした抑揚で語尾の上がった「はい？」は、聴き手が疑問に思って問い直しています。あまりにスローに小声な「……は……い」は、自信なさげ、あるいは同意しかねている様子に映りかねません。逆に、話し手の語尾に間髪おかず、明瞭で語気の強い「はい！」が連続すれば、共感していることが伝わりやすいかというとそうでもありません。このように、「はい」にも様々なボーカルの違いが表れるのです。

あらためて、バーバルは発する言語そのものの表現です。ノンバーバルは、言語以外の、顔の表情、身振り、手振り、声のトーン、容姿や服装、雰囲気などによる表現です。ノンバーバルは、このように視覚、聴覚など広く五感に訴えることもあり、出会いの第一印象を大きく左右します。アメリカの心理学者アルバート・メラビアンによれば、話し手の印象を決める要素の九割以上がノンバーバルな情報です。そのうち、視覚情報（visual）が約六割、聴覚情報（vocal）が約四割のようです。視覚情報（visual）とは、文字通り「見た目」ですから、身だしなみ、しぐさ、表情、視線などを指します。聴覚情報（vocal）とは、前述の音楽でも触れたように声の質、抑揚（高低）、速さ、大きさ、テンポなどから成り立ちます。

「何が」語られたかだけでなく、「いかに」語られたか

まだ言葉を発する前に第一印象がほぼ決まるというのは、ジャッジが早すぎる感じもしますが、バーバルな伝達が訴える前の時点なのでうなずける気もします。それでは、ほぼ決定している第一印象の後に、どんな言葉を発するかというバーバル部分が、どれほど強く効力を発揮していくのでしょうか。もちろん印象的で、その場に大きな意味を与える言語は、聴き手に伝わりやすく、記憶に残るでしょう。しかし、臨床場面では、「何を」言うか、「何が」語られたかだけではなく、「いかに」語られたかという様態が、対話する二人の間でより重要となってきます。アメリカの精神科医ハリー・スタック・サリヴァンは、バーバル、ノンバーバルに続く第三の視点としてボーカル（音声的コミュニケーション）の重要性を指摘しました。セリフそのものよりも、どんなシーンで、どういったメッセージが伝わってきたのか、それがいかにハートウォーミングであったかということでしょう。

具体的には、落胆していた来談者が、治療者のどんな言葉に励まされたのかという記憶をたどる時、どんな笑顔で、どんな優しさでもって「大丈夫」と言ってくれたのか、その情景だろうということになります。対話場面という情景をいかにケアフルで治療的なものにするかは、バーバルよりも、むしろボーカル次第だと言えます。精神科医の成田善弘さんの次の言葉からも、その意味を確認、反芻《はんすう》してみましょう。

一人ひとりの患者のそのときそのときのさまざまな感情とその重みをわからなくてはならない。それがわかるためには、治療者の研ぎすまされた感受性と豊かな共感能力が必要である。そして、治療者がどうわかったかを患者に伝えうるためには、感情とその微妙なひだを的確に描写しうる生き生きした言葉をもっていなくてはならない。

（成田善弘『精神療法の第一歩（新訂増補版）』金剛出版）

この言葉にある「生き生きした言葉」とは、単なる言語（バーバル）を指すものではないことは、もうおわかりいただけると思います。相談ツールにおいても、電子メールよりも電話、そして対面の順に交わされる情報量は多くなります。ノンバーバル、とりわけボーカル表現が、大切な意味のある言葉をさらに豊かで生き生きとさせるのです。

筆者が、これまでに自身のボーカルについて、気をつけてきたこと、心がけていることを以下にご紹介します。

◆同質の原理（※）に従う。

↓その「場」に混ざり、似つかわしい声質とトーンに同調させる（noisy にならないこと）。

◆主体的に「出す」声は、自分の存在と意思を訴える手段である。

↓聴き手は、抑えながらの発声が主体である（loudly にならないこと）。

◆自然に「出る」声は、驚嘆や喜怒哀楽などに伴われていることが多い。

↓聴き手は、これを開示してもよいと思う。むしろ、話し手の「出る」声を促すことで抑圧をほどくこともできる（笑いやあくびが共有できる関係は安心した者同士である）。

◆相づちに伴う声は、擁護的に低めのトーンで、話し手の語尾を確かめながら、ついていくように続ける。

◆声・言葉を出せなくなることは、驚嘆や緊迫、または熟考のメッセージにもなる。

↓流れに沿って、息つぎや音楽の休符のように、沈黙を置く。

◆受容、支持、説得では、守り方と伝え方の強さが異なる。

↓語気は、バーバルの持つ意味に応じて強弱を加減する。

※同質の原理は、アメリカの精神科医・音楽療法家アイラ・M・アルトシューラーによる概念。沈んだ気分にある時は静かな曲調の音楽を、高揚した気分にある時は躍動的な音楽を聴くことで、自身の気分を感じつくせるというもの。

Check Box ⑦

□ノンバーバルな情報には、どのようなものがあるか。
□「何が語られたか」よりも「いかに語られたか」が重要だと、あなたが感じた具体例はどのようなものか。
□あなたのボーカルで、今後課題とし続けることをいくつか挙げてみよう。

Theory 8

ふさわしい距離から支える

人と人との間には、いくばくか距離があるものです。親しみの度合いによって自ずと決まる距離もあれば、向き合う二人の話題や目的によって調節される距離もあります。来談者と聴き手との間においても、この距離感は大切です。精神療法の分野でも、「近すぎない」「抱え込みすぎない」といった注意がよく聞かれます。確かに、クライエント自身が解決に臨む問題を聴き手が抱え込みすぎて、過度な依存が生じることもあります。また、異性が物理的に近すぎる状況では、一方的な性的希求がリスクを生む場合もあります。その反面、ある程度アプローチしなければ聴き出せない出来事や心情があり、距離を置くことを優先しすぎることも推奨されないのです。ふさわしい距離で聴き、支えるためには、どんな意識を持てばよいでしょうか。

支持の形

図5を見てください。幼い子が花を握りしめています。しっかり大事に握りしめて離さない、

図5　離さない形

図6　見守る形

この花が大事で仕方がない、そんな気持ちが伝わってくるような情景です。この「離さない」形はhold、抱擁《ほうよう》と言ってよいでしょう。

図6では、猫を抱っこしている少女のかたわらに大人の女性がそっと寄り添っています。少女のその様が愛らしい、猫のことがかわいくて大切なのね、というふうに微笑んでいるように見えます。猫を「離さない」形でいる少女を、もう一回り包み込むように擁護的に見守っています。

この二つの支え方は、方法と力（抱えの強さ）と距離感が違い、支持としての形は異なるものです。離さず抱えるような支持と、そっと距離を置いて見守る支持。このような支持の方法、力、距離は、対話場面において、聴き手の客観自我（詳しくは後述）による観察から、「今、ここ」にふさわしく調整されるべきものでしょう。例えば、骨折した時のギプスとリハビリ段階との違いからイメージしてみてください。がっちりholdしていないと支えられない（守れない）時と、自身の重みを支えながら歩き出した時との違いです。どれだけの力で、どれくらいの頻度で手を添えるか、離していくか、グラデーションのように細やかなおもんぱかりがいるだろうと思います。

支持の形をふさわしく保つには、まずは、出会いから共に在り、その場面の「今、ここ」で何がストローク（あるいは心の糧《かて》）となるだろうか？の思案に何より注力するべきでしょう。ここまで並走しながら具体的に状況を知ってきたからこそ、今は抱擁か見守りか？についても判断しやすいものでしょう。併せて、「あなたを見てきた」聴き手だからこそ、自己効力感を抱かせる（コーチのような）言葉の力を発揮しやすくなることでしょう。

●人と人との間に行き交うベクトル

支え方、抱え方の次は、向きと距離について再考しましょう。

人と人とが向き合い対話する時、お互いの自我状態というものによって、その時の態度や言葉づかいなどが決まります。例えば、二人が初対面なのか、親しい間柄なのかによって、態度や言葉づかいもずいぶん異なってくるのが自然でしょう。相互に向け合う意思疎通のアプローチが、どんな向き（方向）で発せられ、どれくらいの距離（量）で隔たっているのかに着目すると、あたかも数学のベクトルのようです。対話する二人の関係性とは、お互いのベクトルが行き交ってできた「場」と言ってよいでしょう。

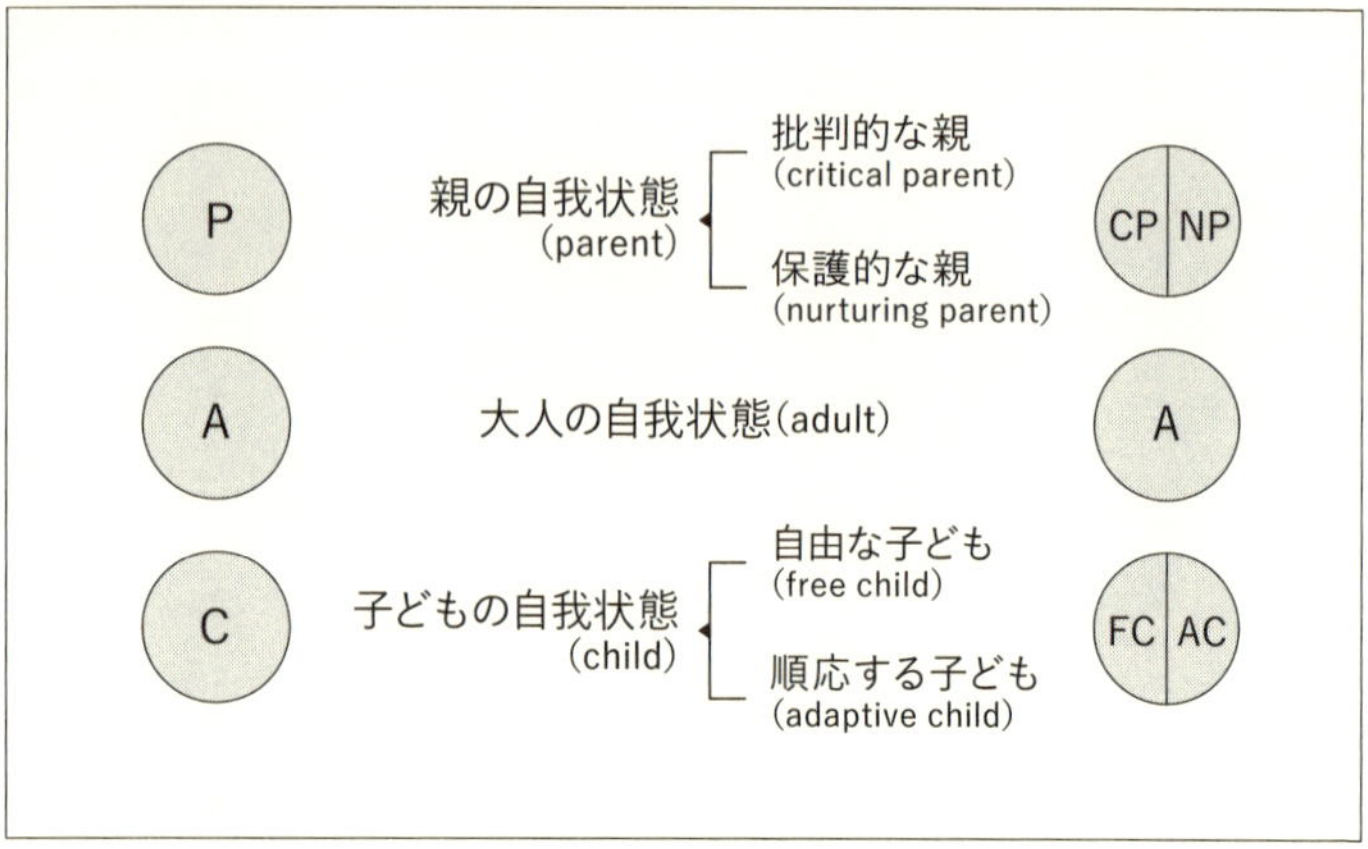

図7　自我状態

まず、人には三つの自我状態が備わっています。具体的には、「親」的なＰ（parent）、「子ども」のようなＣ（child）、「大人」らしいＡ（adult）に分けられます。Ｐはさらに、厳しく批判的なＣＰ（critical parent）と優しく保護的なＮＰ（nurturing parent）に分かれ、Ｃは自由気ままなＦＣ（free child）と「おりこうさん」的に順応するＡＣ（adaptive child）に分けることができます。（図７）

例えば、母親が、転んで泣いている幼児に、「あらあら、大丈夫かしら」と手を差し延べる時、その自我状態はＮＰであって、子どもは痛いままに泣くＦＣです。もしも、母親が「それくらいのことで泣くもんじゃないわよ！」と叱責する時、その心はＣＰで、一方、子どもはＡＣを働かせて泣きやむのか、または、ＦＣのまま駄々をこねるかのどちらかでしょう。この二つの場面で、母と子のそれぞれの目線や距離はどんなふうにあるのか、想像できると思います。年齢も背丈も違うから、上下＝縦（に近い斜め）のベクトルが必然的に存在します。そこに、優しさが漂う時には、親は子どもの目線と同じ高さまで降りていき、手を取るほどに近づくでしょう。一方、厳しさがその関係を支配する時には、お互いのベクトルがしばらくそのまま膠着《こうちゃく》することも想像できます。

そして、社会では多種多様な交流パターンがあります。その中で、互いに発するベクトルが、平行に行き交う場合（相補的交流、図8）と交差した膠着状態の場合（交叉的交流、図9）について説明します。

図8の相補的交流では、お互いが平行なベクトルです。

図中①の場合は、互いに私情を交えず意見や情報を交換する。報告、連絡や契約などは、こんな大人の場所と言えます。

②では、親しい二人がはしゃいで気の置けない場がある。

③は、物を教えたり指導する側と、それを受けて素直に習う側に成り立つような交流です。

一方、相手に対する配慮が欠けて、「場」の空気が読めず、相手に対して一方的なベクトルを向ける場合には交流はうまくいきません。ベクトルは刃のように交叉したままです（図9）。

④の片思いでは、自分の一次的な望みを相手に差し向けても、その気のない相手からは拒否的なベクトルしか返ってきません。

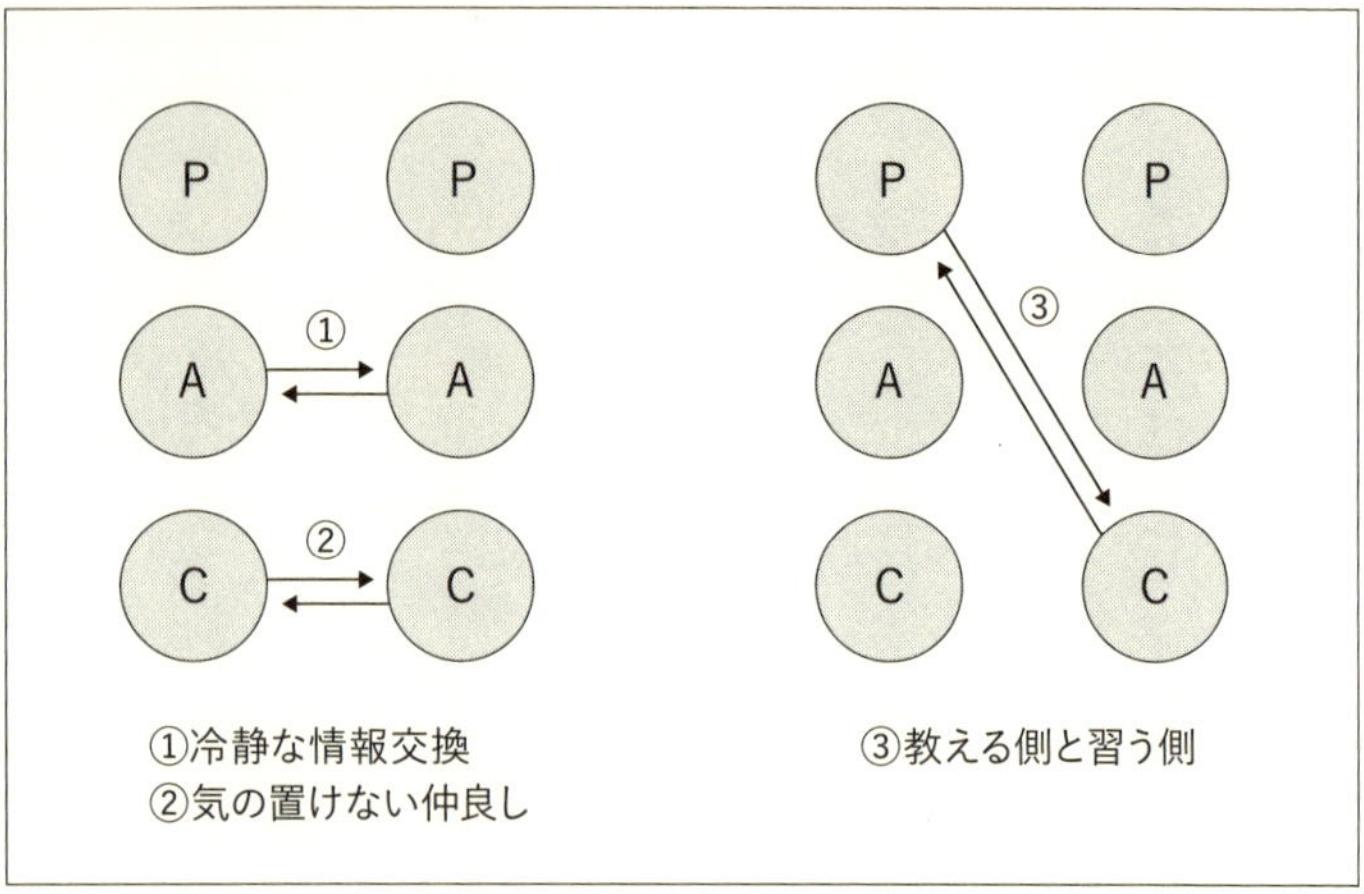

図8　心が通う＝相補的交流

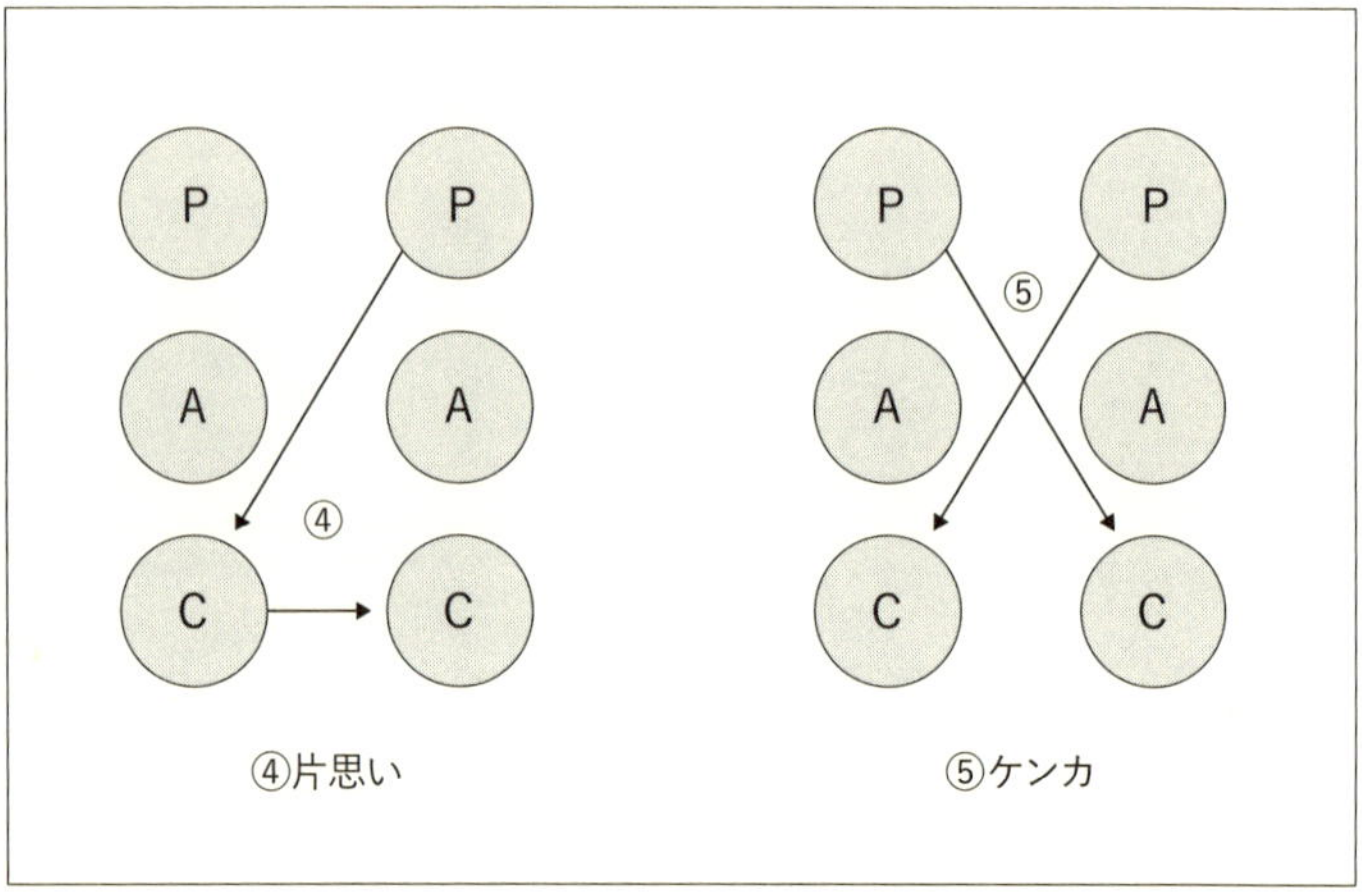

図9　うまくいかない＝交叉的交流

⑤はケンカです。ケンカは、たいてい主導権争いです。相手を批判し、自身が優勢に勝ろうとする。冷静さに欠けているのでAが駆使されていません。関係がいったん決裂し、その後修復されるには、あらためてAやCによる相補的な関係の成立が必要となります。しかし、それはとても難しいことで、時間も運も必要ですから、職場での人間関係上の決定的な破綻は、自分のためにも組織のためにも避けるべきでしょう。それでも、連日顔をあわせる関係性においては、「言いすぎた」「言わなきゃよかった」などの事態を修復する機会はちゃんと残されているものです。

ケンカにもいろいろある

対面する二人の間で、自我から放たれたベクトルが交叉し、互いに譲らない膠着状態は、誰も望むものではありません。互いの配慮がある相補的な関係は、親睦や理想的な師弟関係に代表され、私たちが美しさや感動すら覚えるものだと思います。けれども、相補か交叉か、そう簡単には割り切れないのも人間関係です。

国と国との戦争、企業間の競争、夫婦喧嘩、これらはどれも争いであることに違いありません。けれども、それぞれの争いのゴールはすべて異なっています。戦争では占領や壊滅、企業間では成功、そして、夫婦喧嘩のゴールの多くは、和解にあるのだと思います。夫婦だけでな

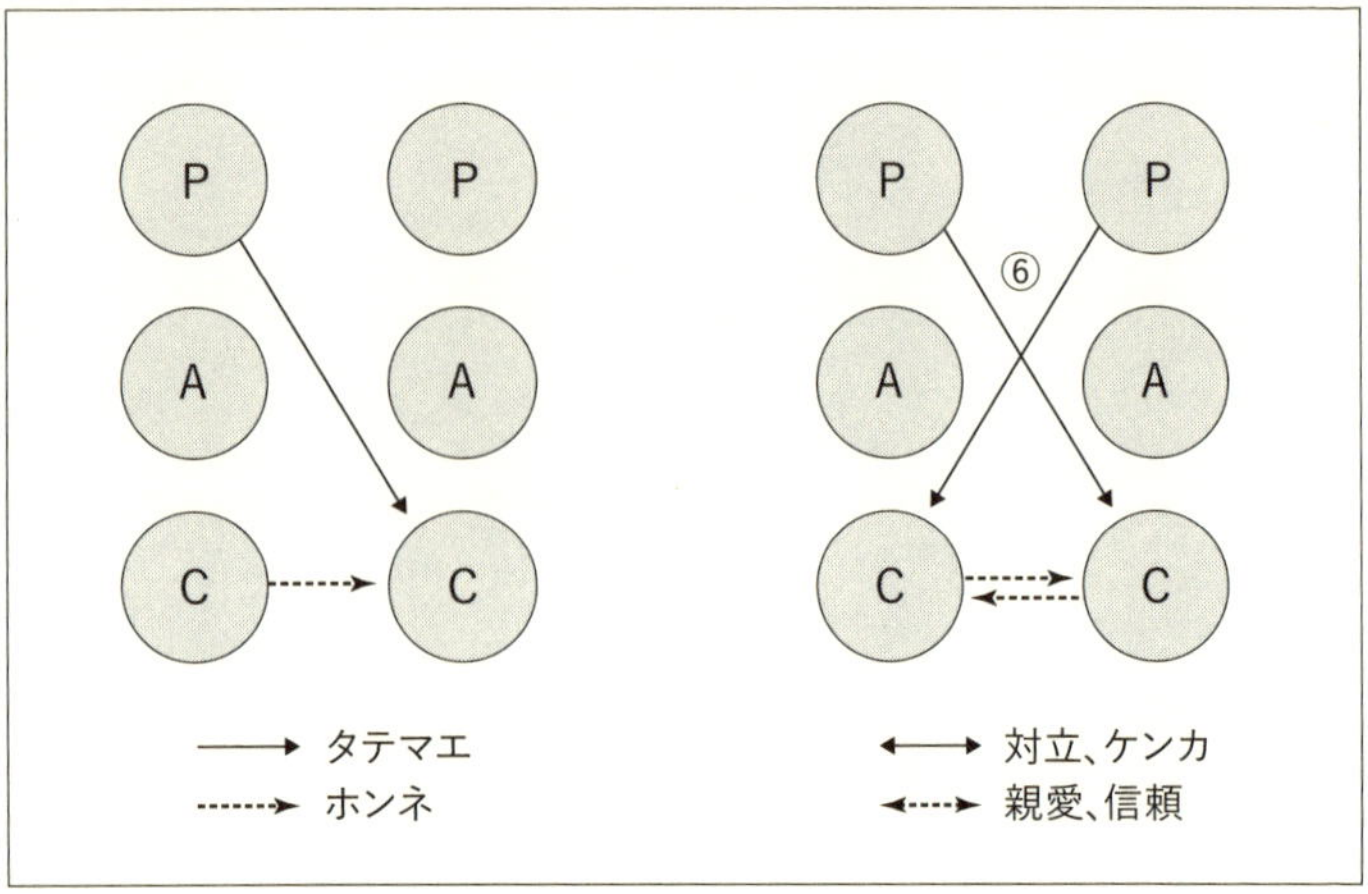

図10　ホンネとタテマエ＝裏面的交流

く、壊滅などを目的としていないケンカをするのは、親子、恋人同士、友人間、上司と部下、仲間たちです。表向きは争いでも、本音は「もっとうまくやりたい」という願いを抱えながらのケンカもあるわけです。（図10の⑥）

世の中では、この裏面的交流が実に多く、その客観的な把握には、相補的交流、交叉的交流を踏まえたヨミがいります。その分、誤解、齟齬《そご》を生じやすいのですが、現実に社交辞令やサービス、遠慮といったものが社会に必要であるゆえんなのだろうとうなずけます。また、日頃から、職場ではホウ・レン・ソウ（報告・連絡・相談）が十分に交わされていれば、裏面的交流から起こる不要な誤解を避けることもできるでしょう。

第Ⅲ部の「行動化の取り扱い方」の事例でも触れますが、この裏面的交流の発生は、治療者とクライエントの間でも少なくありません。お互いに何らかの影響を受けながら対話が進むわけですから、転移以前の陽性・陰性感情に起因する齟齬も生じやすいと思われます。本書の随所でお示ししているように、聴き手側は、何事も来談者を追い越さない配慮を持つことを求められるわけです。しかし、面接・治療が膠着状態に陥った時、この交流分析的アプローチによる客観的な状況判断に関しては、しっかりクライエントをリードするべきでしょう。

Check Box ⑧

- □ 支持の形を構成する要素は何か。
- □ 自我状態について、わかりやすく説明できるか。
- □ 裏面的交流について、例を挙げて説明できるか。

Theory 9

「配慮」は尽くし「遠慮」はほどほどに

●配慮と遠慮の違いはグラデーション

クライエントが、どんな年代か、いかなる背景を持っているか、どれほどシビアな悩みを抱えているかなどにより、おもんぱかりも支えも、施せる加減が異なってきます。自我状態で言えば、自身も相手も共にアダルト（A）を駆使した対話と、互いにフリー・チャイルド（FC）にシフトした歓談とは異なります。言わば、どの程度かしこまるか、打ち解けるか、どこまで話し、尋ね、探ってよいのかなどの判断には、客観自我による観察（後述の「関与しながらの観察」）が必要です。対峙、対話のムードや双方の距離感は、この観察下にコントロールされています。

筆者は、例えば青年期のクライエントには、キチンと自己紹介した後、次第に ice breaking のごとくアクセスしていくのが通常です。その過程には、「今日も、できるだけリラックスしてもらう工夫をしよう」とか、「まだ、その癖は指摘しないでおこう」といった配慮も遠慮も挟んでいきます。ただ、往々にして聴き手の率直さは、クライエントの見せる喜怒哀楽の表情などに左右されることがあるものでしょう。お互いがストレート気味に「歯に衣着せない」ような時と、逆に「言ってはいけないこと」が増えてしまった時とは、率直に交わす情報量はずいぶん違ってきます。双方に配慮が行き届いた上に風通しのよい関係は至適ですが、言えたほうがいいことにも遠慮の制限がかかってくると、ぎこちなくなります。「配慮」と「遠慮」の境は、グラデーションのようなものだと思いますが、この両者の施しの加減も対話場面には大事な要素です。

東日本大震災の医療支援の経験から

当時、筆者が属していた独立行政法人労働者健康福祉機構（現・独立行政法人労働者健康安全機構）の医療支援チームは、震災直後からのＤ－ＭＡＴ（災害派遣医療チーム）などに加え、二〇一一年三月二三日以降、全国の労災病院から派遣されました。支援活動の中では、特に働き盛り層の健康問題に焦点を当て、避難所での夜間診療と回診を続けることにしました。そこでは、せきや喉の痛み、アレルギー症状、不眠、胃腸症状など、粉塵《ふんじん》やストレスによる不調が多く見られました。

そして、現場を訪れる前に想定した通りだったことは、被災された方々のメンタルヘルスケアについては、決して「心」の観点からだけでは核心に近づけないということでした。当時は、全国から様々な団体が「心のケア」を掲げ被災地に入りました。実は、その傾向に多少の懸念を抱いていたのです。生活の場、ライフラインとインフラが損なわれている状況にいる人々に、限られた時間しか滞在しない者たちが「心のケア」を担えるのか？と。

実際に避難所を訪れ、お一人お一人の脈をとり、顔を見て触れる、声をかけ体の診察を行っていきます。そうするうちに初めて、震災で失ったものへの悲しみや将来への不安、漠然とした恐怖感などが語られました。医療や支援というものが、平時のような「待ち受け」では施せない現場です。被災された方々の心情には、「語られて（ようやく）始まる」ように聴く姿勢がふさわしい。そして、聴けることで初めて添えるような感触がありました。

そこが体育館であれ、束の間の居室であれ、避難されている方々の生活の場に、白衣をまとった医療者が訪れるのです。これを日常的な医療現場のシーンになぞらえて考えてみても、その際に多くの配慮が必要とされることに変わりはありません。前述のような懸念もあるため、「心の専門医」の名札は持たず、プライマリ・ケア医（総合診療医）として役立ちたいと思いました。その立場を告げ、健康状態をうかがいに来たことを伝え、敷居をまたぐことを受け入れていただく過程が欠かせないと感じました。

そして、筆者ら医療支援チームが持つべき配慮と遠慮、被災された方々が持っているかもしれない配慮と遠慮（「医師に相談するほどのことではないのではないか」など）について考えました。当時は、目立ちやすい色のアウターを羽織った多人数構成の医療支援チームが、入れ代わり立ち代わり避難所の入り口に立ちます。実際のところ、もう避難所の方々はその姿に辟易《へきえき》しているかもしれない。かつて効用が説かれていた心的外傷へのデブリーフィング（事故や災害などのつらい経験について、詳細に語らせ克服させようとする手法。現在は否定的な見解がある。元来は軍隊における状況報告の意）のように、いろいろと質問されること自体が外傷的ではないだろうか。あるいは、わざわざ来てくれたことへのあたたかい気持ちと、自身の不調をわざわざ訴えないようにしようと思っていらっしゃらないだろうか……等々、様々な配慮と遠慮がグラデーションの中で見え隠れしました。今ここで、互いの遠慮だけが重なり合ってしまうと、「実は……」とか、「本当のところは……」といった不調の兆しが見えてこないだろうと思いました。

筆者たちのチームだけでも派手な色は着ず、医師と看護師の二人ペアに分かれ、しゃがむように腰を下ろし、視点を下げて、避難所を回りました。そうして、場に応じて想定できるだけの配慮を施し、過度な遠慮は排して回診を続けました。自主的な診察依頼や不調の訴えがない人にも一人ずつ声をかけると、「だんだん血圧が高くなってきた」「腰痛や頭痛が続いている」「実はしばらく眠れていない」「先のことが心配だ、怖い」などの変化が聴き取れました。そうして、ある方を診ていると、その配偶者からも、その隣の家族からも、続々と不調が語られ、その多くに不安や心配が読み取れました。言うなれば、心の不調や変化について真っ先に訴える人は少なく、暮らしや体調をうかがううちにようやく気持ちが吐露されてくる様相でした。これは、平時の職域でのメンタルヘルス対策にも当てはまる実状だと感じました。

Check Box ⑨

□「客観自我による観察（関与しながらの観察）」について理解できているか。
□「配慮」は自ら語らないもの。施せている意識があるか。
□過度な「遠慮」で、互いが（または、どちらか一方が）ぎこちなくなっていないか。

Theory 10
関与しながらの観察を

最後のセオリー10は、ここまでお話ししてきた九つのセオリーに照らした自己点検となります。

聴き手と話し手との関わりの中で、聴き手の問いかけや聴き方は、話し手に強く影響を与えます。また、話し手の応対の仕方や態度は、聴き手に様々な影響を与えます。聴き手は、この両者の関係の当事者として関わって（関与して）いながら、互いの関係性の冷静な観察者の立場をとることが求められます。これを「関与しながらの観察（participant observation）」（H・S・サリヴァン）と言い、ここでの自己点検の目的です。対話する自分と相手（聴き手と話し手）との関係性、お互いが及ぼし合う影響と変化、自我状態のベクトル、距離感などが観察の対象となります。この構図（観察法）のもとで、ここまでの九つのセオリーに照らした聴き手自身のふるまい、到達度の客観的な評価・観察を試みてください。

各セオリーに関する自己点検の具体的なポイントは以下の通りです。

1　口は一つに、耳二つ
↓聴く、話す、沈黙のバランスは？

2　対話の「場」を決める
↓位置、距離、目線、表情は？

3　率直に受け止める——転移と解釈への留意
↓ありのままに聴けているか？

4　「専門家」風にならない
↓診断ではなく、「出来事」と心情を聴けているか？

5　理解と示唆を急がない
↓簡単な同調や「目先の灯」を急いでいないか？

6 "I'm OK, You're OK"であること
↓受容的かつ共感的であるか?

7 「ボーカル」への意識を高める
↓「何を言うか」だけでなく、「どう伝えるか」の意識があるか?

8 ふさわしい距離から支える
↓抱えの強さ、距離感、自我状態のベクトルは確認できているか?

9 「配慮」は尽くし「遠慮」はほどほどに
↓配慮と遠慮を間違えていないか?

第Ⅱ部

暮らし・仕事・健康問題について「聴く」

プロローグ——悩める人への全人的なまなざし

悩む心を受け止める作業は、品物の代金を払ったり、書類に判を押すように、一つのニーズに一つの答えを返して終わる作業とは異なります。何か難しい問題の解決を求めていても、「今、ここ」では、頭を抱えているつらさ（窮状《きゅうじょう》）そのものが和らいでほしいという望みもあるでしょう。答えを見つけるだけではなく、悩みへの理解や迷いへの共感を聴き手に期待している場合も少なくありません。また、目前の悩みごとよりもずっと以前から続いている何らかの背景のほうが、より深刻な人もいます。聴き手がカウンターで待ち受けていて、悩みのタイプをシンプルに聞き出し、即応した打開策を提示するようなソリューションは稀です。

例えば、仕事の悩みを抱えている人は、その職場の社員であるだけでなく様々な立場・役割を担っています。「残業で疲れている」という人が、仕事の多さだけに悩んでいるとは限りません。可能性としては、仕事のスキル、周囲とのコミュニケーション、人間関係、自身の健康、暮らし向き、家庭の問題、ワーク・ライフ・バランスの乱れ……等々、悩みは多岐にわたっているかもしれません。
この第Ⅱ部では、第Ⅰ部で紹介したセオリーを踏まえて、その悩める人が担う様々な立場と、悩みの背景というものへの視点について触れていきます。具体的には、暮らし、仕事、健康・医療など様々な背景を鑑みながら、その人の役割とキャリアへの視点を置くことでしょうか。様々な場面に立ち、一人何役も担うことへの敬意とねぎらいは、心を閉ざす抵抗や装われた無関心をほどきます。やわらかく、真に全人的なまなざしをもって、懐の深い、厚みのある聴き方ができれば、と思います。

Prologue

1 誰もが、いくつものキャリアを担っている

現在、働く人の健康とパフォーマンスをさらに高め、企業組織内の環境改善を図るなどの目的から「働き方改革」を実現しようとする動きがあります。これは政府の方針でもあり、過重労働削減、同一労働同一賃金、病気の治療や介護・育児と仕事の両立などがその柱となっています。中でも、何らかの病気やけがなどの治療を受けながら働き続けることができる社会環境の整備を目標とした治療就労両立支援（以下、本書では両立支援とします）に、筆者は長年関わってきました。

この両立支援に携わる人々、医療機関や職域において支援コーディネーターをめざす人々に、まず大切な基本概念としてお伝えしていることがあります。それは、医療現場を訪れる「患者さん」には、それ以外の職場・家庭・地域において、それぞれの役割があり存在価値があるということです。これ自体は、すごくあたりまえのことなのですが、大切なことは「(それぞれが)一人で何役もこなしていること」、言わば「いくつものキャリアを併せ持っていること」への

ねぎらいと敬意が、支援の前提にあるべきだということです。

自分が「どう在るか」――キャリアの視点

誰しも青年期（思春期）には、自身の発育や変化を前に、「自分はいったい何者なのか？」という問いに直面し、不安や戸惑いを覚えながら「自分自身」を形成していきます。この自我同一性（エリク・H・エリクソン）というものを獲得していく過程で、「生きる意味が見出せない」「何をしたらいいのか、わからない」といった悩みが始まりますが、自分をなかなか肯定できない経験は、青年期を過ぎた人にとっても多いものではないでしょうか。自分自身が、紛れもない一つの存在として社会に置かれているにもかかわらず、オリジナルに価値観を定めることは困難で、多くの人にとって「どう在るか」は、長らく課題であり続けるように思えます。言い換えれば、何が唯一正解なのかわからない状況が長く続くことが当然であって、それに見合うほど「どう在るべきか、在りたいか」は、実存という類なきテーマなのです。

そこに、キャリアという視点を添えてみましょう。アメリカの心理学者ドナルド・E・スーパーは、キャリアを「生涯において、ある個人が果たす一連の役割およびその役割の組み合わせである」と定義しています。人は、一生の中で様々なライフステージを経験し、子ども、学生、余暇人、市民、労働者、配偶者、親など多くの役割を担い、時にはそれらを併せ持ちながら暮らしています。その役割（キャリア）には、家庭、学校、公衆、職場といった、それぞれ果たされるべき場所（劇場）があり、そこでの「在り方」がスーパーの言うキャリアとなります。そして、多くの場合、対人関係上の立場（位置）や社会・組織のルールなどの制約があり、「劇場」ゆえに、偶然やアドリブがままならないことも当然となってきます。前段の言わば実存主義は、自分自身の「在り方」を探ることが、人としてのやわらかく長い精神作業であることを認めながらも、そこにキャリアという視点を添えれば、人の「在り方」には、「今、ここ」での判断と適応の兼備が必要となることも、おわかりいただけるかと思います。

例えば、三十歳代の子育てをしながら働く女性について考えてみましょう。彼女は労働者であると同時に、家庭では母親であり、妻であり、婚家では嫁、両親にとっては娘という役割を持っています。一人で何役をこなすのか、大変な功労です。そして、毎日の役割（キャリア）が多彩でも、一日が二十四時間しかないのは独身の頃と同じです。人が「どう在るか」には、このように環境に適応することが必要ですが、そもそも適応とは、ただ受動的に状況やストレスを受け入れることを意味するものではありません。仕事も他のキャリアも、併せて果たすためには、「今、ここ」での時間や労力の配分を能動的に立案することが前提となります。これは展望とも言える作業ですから、自己効力感（self-efficacy、ある目標に到達するための能力が自分にあるという思い）や首尾一貫感覚（sense of coherence＝ＳＯＣ、ストレス対処能力の一つ）

といった概念が強い味方になるでしょう。そして、自身のキャリアプランは、ライフステージが進むにつれて変化し、要所要所に注いだ労力とキャリアが構成した実存（在り方）には、周りからのねぎらいと承認が根本的に必要な支えとなります。

聞き分けのない社員を変えた対話

電子機器製造業で技術開発に従事するアキラさん（三十八歳、男性）は、会社の誰もが認めるまじめな働き者です。担う業務は、主に自社製品に搭載される技術の改良や新手法の開発で、部門のグループリーダーです。いわゆる属人化した業務となり、アキラさんでないとわからないデータも多く抱えています。残業も多く、食べすぎ・飲みすぎも目立ち、次第に肥満となってきました。健診では三年続けて高血圧、高血糖、メタボリックシンドロームの関係で「要治療」とされています。しかし、会社の保健師がいくら指導しても、生活習慣は変わらず、医療機関にもかかっていません。そのため、同社の嘱託産業医を務め始めた筆者に、保健師から相談がありました。これまでも前任の産業医が何度か注意しても、なかなか健康改善に努めてくれないのです、と。

初めて対面したアキラさんは、年齢の割には白髪も多く、顔の肌は荒れ、目元もはれぼったく、老けた印象を与える顔貌でした。一週間前に産業医との面接が予定された時、「もう脅かされるような面接は受けたくありませんが……」と保健師にメールを返してきたそうです。

そして、来室。

「初めまして、産業医の小山です。今日はあなたの健康についてお話しするためにここに来ていただきました」

まずは自己紹介とともに、面接の目的を告げます。そして、疲れや体のだるさについて尋ね、彼自身、何となく倦怠感《けんたいかん》を覚えていることを聞き出します。続いて、通勤にかかる時間や利用する路線、住まい（居住地）、家族などに話が及びます。今年の春に小学校に入学したばかりの息子さんが一人いるようです。

「朝、出勤するときに、子どもたちはまだ寝てるのかな?」

こう尋ねてみると、彼の顔が伏し目がちに、ほころぶのです。照れた感じに好感が持てます。

「奥さんは?」

そんなノリで、続けて聞いてみます。

「妻も子どもたちも、もう少し眠らせてやりたいと思う」

朝六時前に出かける彼は、こう思って、そっと静かに家を出るのだそうです。そんな経験は、筆者にもありました。

子煩悩で愛妻家であることを思い、「優しいんですね」とだけ投げかけると、「そうでもないです」と笑います。共に面接室にいる保健師も併せて三人で笑います。面接の場面は和やかになってきます。

「アキラさんはグループリーダーだけれども、優しい父親、きっと頼れる夫なんだよね。一人で何役も、おつかれさまですと言いたい」

こうねぎらう言葉も不自然ではありません。

アキラさんが経験したこれまでの産業医との面接では、健康面の注意を受け、「このままだと死ぬけど、いいのか？」と脅かされたり、「同年代の社員で一番数値が悪い」などと言われたようです。そのため、この時の面接にも乗り気ではなかったようです。

そんなアキラさんの先入観や抵抗を溶かすことが目的でした。文字通りice breakingのように。そして、グループリーダーであるばかりでなく、夫、父でもあること、筆者が隣県の出身であることを話題にして、「今日初めてお話しして、あなたの人となりも、少しですが教えていただきました」「いえ、ありがとうございます」と互いに頭を下げました。

最後に、一人の社員が担っている何役ものキャリアを尊び、おもんぱかり、一言添えました。

「家族のために優しいのだから、自分にも優しくあってほしいですね」

その言葉とともに、知人の内科医（クリニック）への紹介状について説明し、手渡し、受診勧奨としました。

後日、街のショッピングセンターで、アキラさんとその家族に偶然出会いました。あいさつし、ひとしきり話した後で、奥さまからお礼がありました。あの面接の翌週にクリニックを受診して検査を受け、それから服薬と食習慣の改善を続けている、と。

その姿に安心して、「また、会社で」と笑顔で見送りました。

2 悩みの「原因さがし」よりも「解決」へ

筆者の研究室には、丸い壁かけ時計があります。ある日の午後、その時計の針が止まっていました。きっと電池が切れたのだろうと思い、新しい電池に入れ替えると時計は再び動き出しました。このようなことは日常茶飯事ですが、言ってみれば、時計が止まっていることの原因を推定し、電池を交換することで解決できた問題です。

私たちの日常には、様々な問題が起こります。例えば、今取り組んでいる仕事がはかどらない、同僚との人間関係がうまくいかない、頭痛や腹痛など体調が思わしくない、等々。このような問題を大別すると、物の問題、人の問題、仕組みの問題、方法の問題となります。止まった時計のように、物や仕組みの問題であれば、機械的に原因を探ると解決策が浮かびます。また、体調不良の場合も、その原因がわかれば治療はたいてい奏功します。

曖昧になりがちな「人」の問題

おおむね物や仕組みの問題は、原因を究明すれば解決につなげることができます。製造・加工の現場では、製品の不具合や過誤などの原因を四つのＭ（machine＝機械、man＝人、material＝材料、method＝方法）から洗い出して打開策を立てます。この四つのＭのうち、最も曖昧になりがちなのが「人」の部分です。機械の不具合なら修理、材料の代替、作業方法・手順の変更などの具体策が見出せますが、「人」はどうでしょうか。「もっとしっかりしておけばよかった」などのアセスメントでは曖昧で、次に活かせるとは限りません。

うまくいかない人間関係や、はかどらない仕事の悩みでは、その原因は往々にしてわかりにくいものでしょう。誰しも「いったい何が悪いのだろうか？」と頭を抱えがちです。原因さがしに苦労しながら、つい誰かのせいにしたり、自分を責めたり、やり場のない思いに駆られたり、そのうちに「解決したい、解決できる」という希望や自己効力感が減じてしまいます。また、「あなたのせいだ」とされた人が、本当にそうだとしても、感情の問題が生じます。原因さがしが犯人さがしへ、指摘が非難に変わってしまうことも、世間では少なくありません。

悩む作業を過重に続けない

こうした場合、まず大切なことは、原因さがしで疲れ果てないことです。悩む思いを吐露したり、苦悩に費やす時間を少しでも他に割り当てるなどして、悩む作業を過重に続けないための方策を立てるべきです。そして、悩みを聴く側は、この悩む作業量と疲労を軽減すべく、受容し、ねぎらうのがよいでしょう。その後、ようやく次に進む段階が見えてきます。具体的には、「うまくいかない状況が、どうすれば好転するだろう?」「好転するとしたら、どういったことが糸口だと思えるか?」などと問いかけつつ、「何が悪いのか?」から「どうすればよいか?」に焦点を移していくことです。

このように、問題の原因ではなく解決に焦点を当てる考え方をソリューション・フォーカスと言い、短期療法（ブリーフサイコセラピー）やカウンセリングのみならず、仕事のコーチングや対人サポートで広く用いられています。

3 闘病のストレスをどう聴くか？

ここでは、何らかの疾患の治療を受けながら仕事との両立に努める人々への支援、すなわち両立支援と「聴くこと」との関連についてお話しします。筆者は、独立行政法人労働者健康安全機構による両立支援コーディネーター研修に立案や講師として関わってきましたが、その研修や関連する書籍で強調してきたことは、支援の基本となる全人的な配慮とコミュニケーションスキルの大切さです。

●医療・支援に欠かせない配慮とコミュニケーションスキル

コミュニケーションの語源 communicare は、ラテン語で「共有する」の意味を持ちます。私たちは、日常生活において、家族、友人、仲間、上司、初対面の他人など様々な相手と対話し、「今、ここ」の思いを共有しようと試みます。そこに病を抱えた人がいて、その場が病院であれば「患者さん」と呼ばれるでしょうが、職場では何らかの役割を持つ「労働者」であり、家庭ではお父さんやお母さんなどの大切な「家族」の一員です。このように、対話する相手が誰であれ、その人はいくつかのキャリアを併せ持っています。対話場面でどんな情報や情緒を共有しようとするかにより、どのキャリアに焦点を合わせ、お互いにどのような自我状態で応答するかについての選択がなされ、対話が始まります。さらに、どのような内容にまで会話を深めるか、うまく関係性を保つためにはどのようなおもんぱかりが必要か、などについて、私たちは客観自我のもとに、対話する両者を観察しながらコミュニケーションを続けています。

医療者・支援者は、この客観自我による「関与しながらの観察」により、相手をケアしながら、かつ注意深くおもんぱかりつつ、多くは今後続く関係性を保つことが多いと思われます。特に、治療と就労の両立を支えるためには、大きく分けて二つの視点が求められます。一つ目は、慢性の病などと闘い続ける人へのケアにおける意思疎通が有効に施されるべきこと(聴く、理解する、伝える、など)です。そして、二つ目は、職業生活のフィールドである事業場、産業保健スタッフなどとの情報共有により相互補完的に支援が図られるべきことです。

闘病する人が抱える心理的ストレス

闘病する人にとって、長い間、予期的不安を伴う治療行程において少なからず生じる心理的ストレスが、高度な不安や抑うつ気分に発展することがあります。そうすると、全般的ＱＯＬ

（生活の質）の低下や希望のなさ、治療意欲の低下などにつながり、治療（患者）、生活（個人）、就労（労働者）のいずれにも望ましくない影響が大きくなりかねません。例えば、治療やリハビリへの意欲がわかない状態では、入院・治療期間がさらに長期化し、経過は動揺しがちです。また、次第に、家族や周囲の人にもストレス状態が波及し、不安が伝播、増幅してしまいます。当初はストレスへの反応で生じた抑うつ気分が重症化すると、希死念慮《きしねんりょ》（死にたいと願う気持ち）につながる場合もあります。

●受容と共感――ストレスとカタルシスの取り扱い

言わば通常、誰にでも起こりうる不安が増大しないためには、内在したストレスが自覚され、言語化され、表出された時点での「吐露」の取り扱いが重要となります。すなわち、クライエント（闘病する人）を中心とした傾聴による受容と共感が求められるのです。

ここで、受容と共感の基本に立ち返ってみましょう。

◆まずは、じっと相手の言葉に耳を傾ける。
◆批判したり、価値判断したりせずに、受容的に接する。
◆相手の気持ちや気がかりを探り、それを受け止める。

◆相手の話した言葉を言い換えて、理解したことを伝える。

また、傾聴場面で、「はい、そうですね」などのように、即座に相づちを打ち肯定することが共感的理解とは限りません。安易な了解は、話し手にとって「しっかり受容された」と感じさせるには至らないことに留意しましょう。一般に、長時間の面接・傾聴が難しい状況においても比較的容易に行える共感的技法として、フィードバックと呼ばれるものがあります。具体的には、相手が話した一連の文章中の最後の文節をこちらから繰り返す、言わばオウム返しです。その後で、「ああ、そうだったのですか。今おっしゃった○○だと感じたという気持ちを抱えておられたのですね」とか、「そのような気持ちを今日までなかなか誰にも言えなかったのですね。おつらかったでしょう」などのように返します。それに対して「そうだったんです」のように肯定的な答えが返ってくる、その一巡りがあってこそ共感が生まれるのです。

【受容的な例】
「○○というふうに感じられたのですね、無理もないですよね」
【非受容的な例】
「そんなことは心配しなくていいですから、もっとがんばりましょう」

●質問と応答――レジリエンスと自己効力感を高める

前述の受容と共感の過程で、精神療法などでは治療者側の沈黙が有意義な場合も少なくありません。ただ、より多くの場合、どのような質問と応答を行うかにより、ケアまたは治療の方向性を定めていくこととなります。いざ闘病している人と関わる際に持つべき姿勢として、（その闘病者にとって）「いったい何が問題で、どうしたいのだ?」と、焦点化と回答を迫る質問は、特に関わり始めた時点では推奨されません。一般には、open question と呼ばれる、「最近、どんな調子ですか?」とか「今日の具合はいかがですか?」などのように、回答に自由度を保たせた問いかけから始めるべきでしょう。そこから次第に、不安や痛む部分や悩みの内容などについて尋ね（closed question）、徐々に具体的な答えを探りつつ焦点化していくことが望まれます。


【open question の例】

「症状や治療のことで、心配や気がかりはありませんか?」

「お仕事や暮らしのことで、不安に感じていることはありませんか?」

「もう少し詳しく聴かせていただけますか?」

レジリエンス（精神的な弾性、回復力につながるもの）に関する過去の研究にあるように、私たちは、クライエント（または、闘病する人）がどのような状況にあっても、心情に添うよう努め見守る存在となることが大切です。様々な技法以前に、そう「在る」ことが、心理的ストレスの増大を緩衝することが期待できるとされています。

併せて、相手の自己効力感に着目してください。人が、自分自身で行動して達成できた体験、例えば、治療を辛抱して回復した経験などを達成体験と言います。これは、自己効力感をその人に最も定着させやすい体験として知られています。また、誰か他の人が達成した様子を観察することにより、自身の実現可能性を予期することを代理経験と言います。自己効力感が根づく強さでは達成体験に劣るものの、代理経験は自分自身の体験よりもその機会に富みます。その他、言語的説得（達成可能性を、影響力を持ち説得すること）も有効とされ、その基礎にあるのは、ラポール、または信頼や好影響を与えるほどの専門性（時に権威や威厳）だとされています。

自身が健康問題を抱え、それでも日々の暮らしや仕事を続けていくことは尊いことです。患者であり、多彩なキャリア・役割を持つ目前の人に対して、筆者が診察室内外で思うことを以下に並べて、この項の結びとします。

◆誰しも、いくつかのキャリアを担いながら暮らしている。
（患者、家族の一員、社員、生活者など）
◆人は、取り巻きの中でこそ、くっきりと存在する。
（誰かとともに「在る」中で、役割・個性など個々に異なる）
◆何かが「できた」という思いは、もう少し「先へ」と進めてくれる。
（自己効力感と自尊感情の保持、尊重）
◆期待に応える、役に立てる、歯車になる、それらが働く喜びである。
（協調、協働、頼む、頼まれる、独りでできることはとても少ない）
◆人の「在り方」を支えようとすることが、両立支援の根幹である。
（雇用者、個人事業主、被雇用者、立場の違い、守備範囲の違いを配慮したい）
◆仕事を「辞めさせない」支援よりも、（実感は、むしろ）「辞めなくてすむ」ための協働に努めたい。
◆労働力、労働人口、復職率などの数字は、目的というよりも結果だろう。
（闘病体験は大仕事なのだと、その「個」を支えることから積み重ねたい）
◆事業場の規模を問わず、健康に働けることは、経営の根幹にある。
（健康経営と両立支援は、「働き方改革」の柱に据えられるようになった）

4 職場でのメンタルヘルス問題をどう聴くか？

●「つかみどころ」と「聴きどころ」を意識する

普段は、あいさつ程度にしか言葉を交わさない同僚や部下が、何かに困って相談してきた時、どのように対応すればよいでしょうか。具体的には、「どうしたらいいですか？」、または「どうしたらいいのでしょうか？」などと問われた場合の対応です。前者の多くの場合、仕事のやり方や社内の慣習などの相談では、何がわからないのか、知りたいのかを把握して具体的に答えるでしょう。一方、後者の多くは個人的な悩みや迷いのため、どう答えればよいのかと、対応への難しさを感じてしまいます。この両者への対応には、言わば「つかみどころ」と「聴きどころ」の違いがあります。

まず、「どうしたらいいですか？」の場合です。

この問いの本意が、業務上の問題・疑問であれば、具体的な返答や指導がよいはずです。やってみせ、言って聞かせて、させてみて、褒める、といった四つのステップを経ることは実践的でしょう。これは、旧日本海軍の山本五十六の言葉として知られていますが、やってみせる(show)、説明する(tell)、やらせてみる(do)、確認と追加指導(check)は、四段階職業指導法として、OJT(on-the-job training)の基本となっています。

この過程において、まずは「ここからどうしたらよいか?」と、次の一手に悩む局面(ポイント)を明確にすべきです。この「つかみどころ」が双方で一致すれば、そこに独りでもできるようになるまで注力でき、今後同じ課題に悩むことは減っていくはずです。見守る側は、次はどうするだろうか、そこでどうするだろうかと焦らず、わからなくなれば手を上げさせるように、落ち着いて静観すべきでしょう。指導的なチェックには、もちろん評価の意味もあるため、待つことも肝心です。

そのうちに「そこはできる」「そこはOKか」とペースに沿って確認していく。どこでどうしたらよいのかが曖昧だと、問題解決志向が揺らぎ、指導する側もされる側もいら立ち、状況が膠着してしまいます。作業手順やマニュアルが膨大にある現在、そこに書かれていることを「頭」でわかり、「体」が動くことで、タスクをこなしていけるものだと思います。

次は「どうしたらいいのでしょうか?」への対応です。

一概には言えませんが、「どうしたらいいですか?」に比べ、そう尋ね、相談する自身でも、実は課題が明確ではない、または、自身だけでは対処に困っているニュアンスが感じられます。

つまり、悩み、心理的ストレスが対象です。前段のＯＪＴでは、頭から体の順に成就することを支えますが、この場合は、心を加えなければ向き合えない状況になります。

多くの場合、「こうすればよい」という明確な回答を求められているとは限りません。相談を受けた側の「聴きどころ」とは、なぜそれほど困っているのか、どれほどの期間や程度において悩んでいるのか、になります。そして、どうしたい、どうなればよいのかを共に探る時間が求められます。そのため、問題解決志向のように、どこがわからないのかといったポイントの確認よりも、もう少し開けた問いかけ（open question）を幾度か返していくことが基本にあってよいと思われます。例えば、「そうだったんだね。いつ頃からのことなんだろうか？」とか、「どうしてそんなふうに思われたんだろうね？」などのように。

普段、仕事のやり方については明快な指導ができている上司・先輩にとっては、部下・同僚の悩み・ストレスについても、うまく対応してやらなければならない使命感がわくかもしれません。けれども、最も大事なことは、なぜあなたに悩みを相談してきたのか、ということです。それは、正解を即座にくれるだろう、というよりも、あなたに聴いてもらいたい、と思われたからです。基本的に、本書の第Ｉ部を参考にしていただきたいと思いますが、「聴きどころをどこに置くか」の意識が何より大切でしょう。そして、とにかく何か明快な答えを返そうと急がず、穏やかに問いかけながら、困っている実態を共有していこう、という姿勢を伝えることです。

●後輩医師から受けた相談

ここで、筆者が、悩める若手精神科医から相談を受けた一場面の様子を紹介します。

彼は、いつも患者さん思いで一本気、それでいてどことなく朴訥《ぼくとつ》な好青年です。当時、彼が受け持っていた患者さんについて、「(その患者さんが勤めている) 職場の理解がなく、どうしたらいいのでしょうか?」という相談でした。雨や曇りの日に、倦怠感や頭痛に見舞われ、仕事を休んでしまう患者さん。治療を受けるようになってから、休業の頻度は減ったのですが、「会社が病気をわかってくれない。やる気の問題だからと欠勤にされた」などと嘆いているようでした。

筆者は産業医の経験もあるので、次のように推測しました。おそらく明確な医学的診断が(会社に) 伝えられておらず、健康問題ゆえの勤怠の乱れか、メンタルヘルスの問題なら一層微妙で、労務管理に苦慮する状況が続いているのだろう、と。そのため、病休が適当か、時間給や半休にもできないし欠勤にすべきか、会社も対応に困っているのだろうと思われました。

診察室での医師─患者間の対話内容と、職場内の社員への対応・配慮を併せた客観的な状況判断を行うには、若手の彼はまだ未熟でした。相談してきた相手のキャリアや悩みどころ次第では、筆者は即座に、会社側の安全配慮義務などについて説けばよいのです。けれども、この場面では、一生懸命な彼だからこその悩みどころがあり、聴きどころがある、と感じました。かれこれ三十分以上、この件で話し合いました。「会社がどう理解してくれればいいと思う？」とか、「どう支えてあげたいの？」などと問いつつ、彼の医師としての思いを汲もうと努めました。そこから次第に、「その患者さんは、どんな業務なのかなあ？」と問い、いかに安全管理上厳しい業務に就いているのか、に焦点化していきました。「患者さん」の側面から一人の「働き手」へと着眼点を移していったのです。そのうち、会社の安全・健康管理のためには、具体的な検査結果を添えるほうがよいことも、彼から発案できました。それを受けて、「そのためには、どうしたらいいかなあ？」とさらに続けていきます。最後に、一八世紀イタリアの医学者ベルナルディーノ・ラマツィーニは、病の原因、具合の他に「職業は何か」という視点を重んじたことを伝えました。

この対話の途中から、筆者は、ほぼ企図して（確信犯的に）、「自分が相談した先輩医師が、ひととき一緒に悩んでくれた」シーンとして印象づけたい意識を持っていました。また、できる限り時間をかけたことには、若手医師が自分に相談してくれたことへのうれしさが大きく影響したことは間違いありません。「また相談においで」と思い、そう伝えると、彼は、こぼれるような笑顔を返してくれました。

●「いつもと違うこと」を感じたらどうすればよいか？

職場の誰かの様子が心配だ、メンタルヘルス不調かもしれないと感じた時には、どう動けばよいでしょうか。まずは、動き方を知るために、職場内外の相談・対応のシステムや専門機関についてお話しします。

現在、常時五十人以上の職員が勤める職場では、産業医の選任が義務づけられています。産業医は、主に職員の健康管理に携わり、何らかの不調があれば職場外の医療機関などへ紹介し、受療を促します。産業医とともに産業看護職、保健師がいれば、職員の健康と作業安全に関する対策をさらに充実させることができます。厚生労働省のメンタルヘルス指針（「労働者の心の健康の保持増進のための指針」二〇〇六年三月策定）にならい、セルフケア、ライン（管理監督者）によるケア、産業保健スタッフ（産業医、産業看護職など）によるケア、事業場外資源（医療機関など）によるケアといった四つの段階的なケアが図られています。例えば、職場内で、業務の話題のみならず健康面で気にかかる人については、上司から産業保健スタッフに相談する流れです（図11）。

この場合、日頃の職場巡視、安全衛生会議、長時間労働者への面接、健診結果に関する相談などを通じて、産業保健スタッフとの関係性ができているほうがよいと思います。メンタルヘルスの問題に限らず、いざという時に専門家に相談を持ちかける場合、慣れない緊張や切迫感

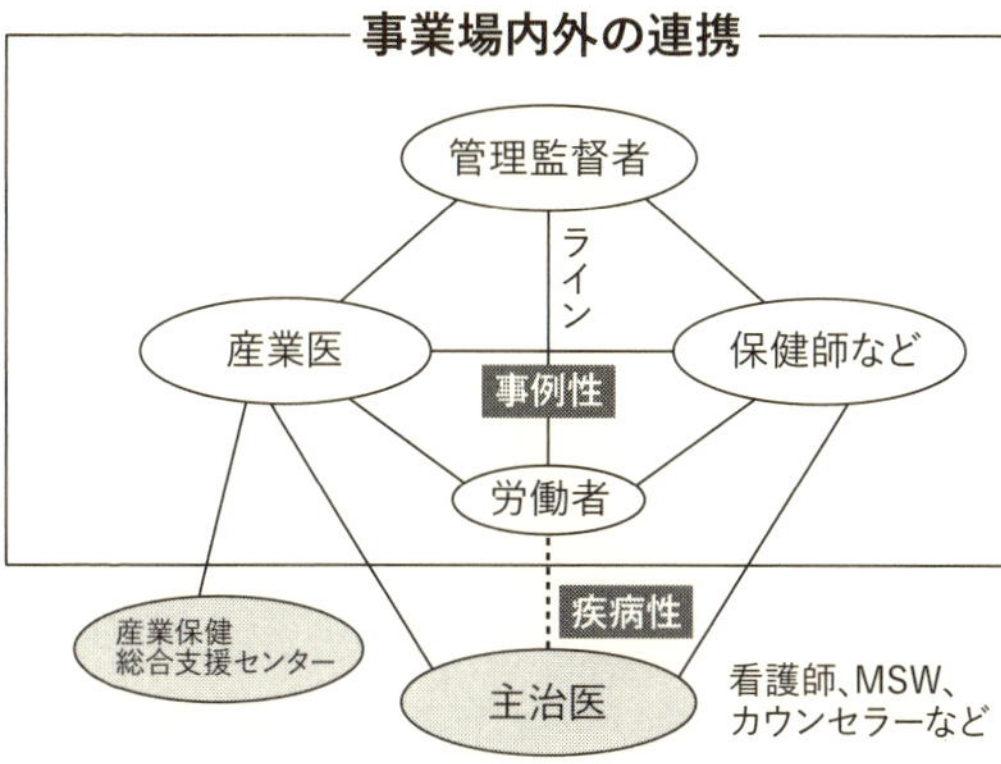

図11　不調者の事例性・疾病性に関わる連携のあらまし

のみでなく、なじみの関係が「風通しのよい相談」へと味方をしてくれるものです。また、不調が疑われる職員の状態も、周囲が抱く心配の度合いも、ともに軽いうちが動き時です。事態が深刻化して難題が増す前のほうが、本人（当事者）も周囲も対応にかかる労力は比較的軽いはずです。例えば、生死をめぐる救急場面であれば、運ばれた人と家族、知人、その対応に携わる人たち、その誰もが「こうなる前に何かできればよかった」と思うものでしょう。

産業保健スタッフが存在しない職場では、職場内の安全と衛生管理、労働衛生に関連する法的な問題などは、各都道府県にある産業保健総合支援センターに相談することができます。電話、メール、来所での相談のいずれも無料で可能です（事前予約が必要な場合もあります）。このセンターでは、専門スタッフとして産業医、精神科医、公衆衛生関係者、労働衛生コンサルタント、法令の専門家、カウンセラーなどが相談員を務めています。医療機関ではないため投薬などの医療行為は行われませんが、各地域において、受診させる方法（受診の勧め方やかかり方）や職場復帰に関する相談が可能です。また、各都道府県と政令指定都市にある精神保健福祉センターが、心の健康問題に専門的に対応しています。このセンターでは、地域における精神科医療についての相談、アルコールなどへの依存問題（家族からの相談が可能）、情緒の発達やひきこもりなど思春期・青年期から高齢者の認知症に関することまで広範囲な内容にわたる相談を行っています。こちらも、電話や面接（事前予約が必要）で相談できます。センターの規模によって異なりますが、医師、看護師、保健師、精神保健福祉士、臨床心理士などの専門職がいます。

次に、職場の規模を問わず、メンタルヘルス不調の未然予防、早期発見のために周囲はどんなことに気づくべきでしょうか。不調者が発生した場合、職場内では様々な問題が起こりますが、それらは、セオリー４にも挙げた「事例性」と「疾病性」に分けて考えると理解しやすいでしょう。

概要として、事例性は仕事を行う上で問題となる「いつもと違うこと」です。例えば、睡眠・食欲の変化、疲れやすさなどの体調不良を訴える、遅刻や早退、欠勤が増える、集中力が低下する、口数が少なくなる、あいさつができない、つきあいが悪くなる、細かいことにこだわりすぎる、飲酒量が増えるなど、勤務に様々な支障をきたすことが挙げられます。一方、疾病性とは症状や病名などに関することであり、過換気発作、洞性頻脈、緊張型頭痛、めまい、胃炎の増悪、高血圧の動揺、慢性疼痛などの心身症状と不眠症、適応障害、不安障害、うつ病、依存症候群などがあります。この場合は、対応についての判断を専門家に委ねるべき段階となります。詳細については、セオリー4の「事例性はそのままに、疾病性メガネで見すぎないこと」を参考に、相談・対応の際にお役立てください。

心配な相手に何を伝えればよいか?

相談機関や場合によっては専門の医療機関への受診を勧めなければならない場合、どのような姿勢で、どのような言葉がけが望ましいのでしょうか。

まず、対応の前提として、「いつもと違うこと」をとらえるためには、その人の日頃の様子、い人となりを知っておかなければなりません。職場での関係性や距離感にもよりますが、日頃の気の置けない会話や定期的な面談の機会が必要でしょう。その人が、普段好きなこと、趣味や打ち込んでいることを知っておくことで、うつ状態に見られる興味・関心の低下という現象にも気づくことができます。日々の暮らしの状況は、言わば職場外要因ですが、この良し悪しは、メンタルヘルス不調を抱えた人の職場復帰や安定就労にも関係していることが多いと感じられます。ただ、職場において、あまり個人的な要因について詮索するようなことは、はばかられます。いきなり個別に聴き出すよりも、まずはグループ面接や自己紹介などの機会に集団の中で聴き、個別面談の際にも聞ければ聞いておく、といったスタンスがよいと思います。

次に、普段に比べて、疲れがひどそうだ、精神的に追い込まれているように思える、そのように感じた時の言葉がけについて考えてみましょう。例えば、「大丈夫？」「元気ないね」など、いろいろな声のかけ方があるでしょう。これも日頃の関係性によると思いますが、まずは、（今以上に）ダメージを与えそうな表現は避けたいところです（「変だよ、どうかしたの？」など）。その人は、病的な不調とまでの自覚がないにしても、何だかおかしい、このままではいけない、迷惑をかけてはいけないなどと感じているかもしれません。その場合、「大丈夫？」「どうしたの？　元気ないね」と問われたら、つい、「大丈夫です」「何でもないです」「そうでもないです」と返してしまうことが多いものです。そこには、おそらく今以上に、周りからもおかしいと思われることや、話が大きく（噂が）広まってしまうことへの抵抗感や防衛的な意味があるでしょう。そのまま心を閉ざしてしまわないために、そのような刺激も与えたくありません。

大切なことは、「最近の様子が、健康の面で心配だ」というメッセージを伝えることです。

その上で、まず少し話す時間がほしいことを伝え、ある程度静かでプライバシーが保たれる場所で話すチャンスを確保しましょう。そして、「最近、疲れて見える。心配だ」というふうに語りかけることです。可能ならば、（今の様子を）自分ではどう感じるかも問いかけると、客観的に自身の状況を振り返り、内に秘めていたものを吐露できる助けになります。「周りと比べて」よりも、「普段と比べて」の視点でもって、「私はあなたが気にかかる」ことを伝えましょう。

さて、この「心配だ」というメッセージでは、まず健康面での気がかりを伝えることとして、仕事上の懸念よりも優先させています。職場での事例性から、疲れやストレス、負担がうかがわれて心配だから十分な休養が必要だと思う、と。それに基づけば、仕事も休むのがいい……これが自然な流れです。しかし、働く毎日を自身の何らかの健康問題などで中断することをためらわない人は少ないはずです。「ストレスや疲労なら週末に少し休めば回復する」「働かないといけない」と思う人のほうが多いはずです。筆者が医師の立場から休業を勧める場合は、次のようにお話しします。まず、「今のまま仕事を続けることは、健康面でさらなる負担となる」という見立てです。次に、「職場のほうも、今のあなたの仕事以前に健康に配慮するはずだ」ということです（ここで、安全配慮義務、労働契約といった言葉を持ち出す場合もあります）。そして、「健康に留意することも仕事のうちです」「休むことは大仕事なのです」とねぎらいを込めながらお伝えします。

あらためて、その人なりの悩みどころ、つまり心の繊細な営みは、周囲からの推測では説明しがたいものだと心得て、尊重しておかなければなりません。その悩みについて、「自分ならこうする、だからあなたもそうできるはず」というような助言や激励が容易には通用しないことを知っておきましょう。心身ともに疲れている時は、周囲からの理路整然とした説明は（心に）響かないことが多いものです。これには、言葉など多彩な情報を認知する脳の前頭葉の働きが、抑うつ状態や睡眠不足、疲労の持続した状況では普段よりも不調となっているというエビデンスが関連していると思われます。そのため、流暢な理屈で頭に理解させる情報伝達的な方法よりも、むしろ体感的に、穏やか、あたたかい、優しい、に類する情緒に乗せた声かけのほうが伝わりやすいでしょう。例えば、長い文章を強調的に続けるよりも、むしろ文節ごとに区切り、間《ま》を置き、反応や返事を確かめながら進めるボーカル重視の心配りのほうが望ましいのです。

5

聴く側の思い

「あなたの話をじっと聴いている。先週も今日も、こうしてあなたの言葉を大事に聴いている。ただ、そんな自分は、あなたの役に立てているのか？」

　このように思うことは何度もあります。そして、こんな聴く側の思いについて質問を受け、意見を求められることもあります。精神科医、臨床心理士、産業カウンセラーやそれらをめざす人、電話相談やゲートキーパー、健康相談に携わる産業保健スタッフ等々……。これらの聴き手は、聴くことの効力を信じている一方で、日々どのくらい役立っているのかについては、実感しがたいものではないでしょうか。

　ただ、ずいぶん時が経って初めてわかる成果は、日々の「聴ける」ことが積み重なってできたことには間違いがないでしょう。そこにたどり着くまでには、迷いや不安、一喜一憂、紆余曲折に様々な思いがあるでしょう。時には共に迷い、とっさに助言など浮かばない、そんな時の沈黙を共有することも「同行《どうぎょう》二《に》人《にん》」なのだろうと思います。率直に迷い、共に抱えておこうという時間の猶予は、姑息的な「目先の灯」に勝ることもあります。

●聴いているだけでいいのだろうか？

次の例題を考えてみてください。

【聴き方の一例】

「もう、この会社を辞めて、遠くに行きたいよ」

あなたの同僚が、ぼそっと、こう言いました。普段からあなたとは気の置けない関係にある彼です。あなたは、どう返しますか？

選択肢はたいていい以下の三つになります。

①「なぜ、そう思うの？」（訊く）
②「ふーん」（聞く）
③「遠くに行きたい、か……」（聴く）

気の置けない間柄の二人なら、まずは、率直に①と尋ねても問題はないでしょう。そして、「またそんなこと言ってんのか?」と投げかけても差し支えない事態なら②もあるでしょう。いずれも、その後も会話が続き、愚痴でも言い合い、内容が深まるなら、その糸口として①②ともにアリでしょう。ただ、もしも同僚がやけになっていて、「遠くに行きたい」という言葉に少しでも深刻さが感じられたなら、③のようなオウム返しが勧められます。このフィードバックで、同僚は「否定されていない」感じを得やすくなると思われます。その後に沈黙や間《ま》を挟みながら、結論を急がせないという意味を持った対話に展開していきます。あらためて、じっと否定せず聴くことの効用は、このように解説することができます。

筆者が、ある講演を終えた後、一人の心理職が自身の受け持つ事例を挙げて、「このまま聴いているだけでいいのでしょうか?」と質問されました。即座に、これは謙虚で真摯な質問だと感じました。普段から聴くことを大切にしながらも自信満々にはなれないという思いも語られました。その姿勢に共感と敬意を覚えたため、「それでは、どうしてそのクライエントは、あなたに本当のところを吐露できているのでしょうか?」と返したのです。ラポールとカタルシスの価値を再認識しましょうというメッセージです。

聴き手自身の、未熟なことや「相手のすべてをわかったわけではない」という等身大の認知は貴重だと思います。専門家風への憧憬や老成したかのような自己満足に陥らず、地道に「聴けること」を重ねなければなりません。「役に立てているだろうか？」という不安の本質は、「役に立ちたい」という願いなのですから。

いつも正しさと効能を求められているのではないか？

そして、聴き手がクライエントのロールモデル（お手本となる存在）であるような構図では特に、いつも「正しいこと」を求められているように感じる、また、何か有効なアドバイスを与えなければいけないのではないかといった思いにも駆られがちです。聴いている自分が返す言葉や判断に、いつも正しさと効能を求められているような思いが常にある。しかし、話す側のニーズは本当にそこなのでしょうか？

人が何かに迷っている時や、悩みや疲れを抱えた時に、誰かにそのことを打ち明けたとします。例えば、仕事上の作業手順や学業などにおける質問では、多くの場合、明確な答えが求められているでしょう。しかし、自身の苦悩や窮状を主題とした相談では、まず迷いや疲れに至る自身の思いを受け止めてほしいような場合も少なくありません。恋愛や人間関係上の悩みを打ち明けた段階で、「今、ここで」（別離や破綻などの）結論を出そうとしているとは限らないはずです。

もともと助言や相談というのは、治療と同様に共同作業なのです。聴き手が「話し手を追い越さない」ということは、他の項でも述べていますが、何とかしたい、役に立ちたいという思いには、陽性感情・転移も含め、適度な制御が望まれます。また、セオリー7「『ボーカル』への意識を高める」でも述べていますが、何を言ったかよりもどう言ったか、どう受け止められたか、抱えられたかのノンバーバルな部分がより重要となります。打ち明けた側にしてみれば、あの時、（聴き手が）何を話してくれたかよりも、どう聴いてくれたかの情景や抱えられた感覚が、後に糧のようになるのではないかと思います。

●聴けない人、聴けない時

あらためて、人の悩みを受け止めようとする、その過程では終始「聴くこと」が主要な役割を果たすことは明らかだと思います。けれども、筆者自身、どんな場面でも恥ずかしくない聴き方ができてきたのかと振り返ってみると、そうとも言えません。また、他の聴き手を見て、反面教師にさせていただいたこともあります。

これまでの反省が、これから先の後悔とならないため自戒も込めて、「聴けない人、聴けない時」の状況を下記に整理してみました。第Ⅰ部の「関与しながらの観察を」と重なる部分もありますが、参考にしていただければ幸いです。いずれの状態においても、聴き手はその時に進行している自らの事態をいったん停止させるほうがよいでしょう。

◆持論を押し付ける人（聴き手が話すほうが多い）。
◆結論を急ぐ人（相手の迷いを受容できていない）。
◆ムードに流されやすい人（問題への対処・解決に向かいにくくなる）。
◆聞き流すことに徹している時（共感できていない）。
◆「言ってはいけないこと」に支配されている時（率直になれない）。
◆「何とかしてあげたい」思いが強すぎる時（逆転移の副作用）。

気に留めて、書き留める

クライエントの話を傾聴しているつもりでも、カルテなどへの記録に注力すれば、どうしてもアイコンタクトが乏しくなることがあります。いろいろと話し、訴えかけても、聴き手（医師など）がずっとパソコンで記録している、こちらに顔を向けもしない状態だと意思疎通に不安を覚えるクライエントも少なくありません。全国的に病院内に電子カルテが普及した頃、このような苦情が医療機関に寄せられたものです。しかし、これは紙のカルテの頃から起こっていた現象なのです。

クライエントにしてみれば、（医師などが）ずっと記録している、または何も記録していない様子と比べて、書く手を休めるタイミングがあれば安心につながりやすいのではないかと思います。

しばらく、ただ聴いて、まとめるように書く。

「今おっしゃったことは、○○ということなのですね？」

こう要約を返しながら、確認しながらのタイミングで、まとめて書いていく。言わば、気に留めて、書き留めるスタイルがよいだろうと思います。

聴いているつもりでも、ただ記録をカタカタ続けていると、パソコン画面に反映されている自身の書いた文脈の中でしかクライエントの経過をとらえていない事態に陥りかねません。気に留めて、書き留めていれば、こちらが聴いている姿勢と聴きどころをつかめている様子が伝わりやすいのではないかとも感じます。聴き手が書く手をひとときき休める姿は、じっくりまとめてから書こうとしている、こちらの言いにくいことは手を休めて聴いてくれている（記録に残さずここだけの話にしておこうか）、などのノンバーバルなメッセージが伝わる可能性もあると思います。実際に、ここ（そのくだり）は書かないでおくよ、今は書くよりもずっと聴いていたい、そんな思いになった時、筆者は書く手を休め、時にはそのことをバーバルにもお伝えすることにしています。

6 精神科医であり産業医であること

十五年ほど前、当時赴任していた総合病院の精神科外来には、思春期症例から不安・気分障害、認知症まで様々な方が来診されました。ほぼ毎日、地域の病院と診療所間の連携、リエゾン（病院内対応）、夜間救急の「不穏」、自殺企図など多くの症例・事態への対応が求められました。医師は筆者と後輩の二人体制でしたが、筆者は、さらに内科系救急とがん診療緩和ケア、公的研究、講演、労災認定も担い、正直なところ疲弊は否めませんでした。

けれども、多様な疾病性を持つ目前の患者さんが、職場や家庭でどのようにふるまい、何がうまくいかないのか……これが最大の関心事でした。すなわち、いわゆる事例性についてイメージしながら、疾病性の緩和・治療と家庭や学校、職場における諸問題の解決との両立が、最も注力すべき課題だと考えるに至りました。

そのような頃、うつ病に罹患した一人の製造業管理職をめぐり、その治療と仕事の両面にわたり産業看護職と連携した企業がありました。その後、何度か同社で健康講話を行ったりしたことがご縁につながり、同社の嘱託産業医に就くことになりました。本社地区五百人ほどの化学製造業で、月に二回、敷地内の建屋を看護師、安全衛生担当者と巡視します。

おかしな話かもしれませんが、当時はほとんど終日病院内で過ごしていただけに、久々に戸外を歩くと陽の光がまぶしく感じられました。「青空や新緑がこうも美しいものか」などとあらためて感じることもでき、社会と自然の風に吹かれる非日常性に感慨すら覚えたのでした。工場の敷地内を歩けば、作業服を着た社員たちが帽子をとって快活にあいさつしてくれます。連日、精神科外来や夜間救急で遭遇する若者たちとは対照的で、健康に働く人々の現場は魅力的だと感じ、ポジティブな気持ちで産業医を始めることができたのです。

精神科医であり産業医であるための心得

精神科医である筆者が産業医を務めるにあたっては、職場の5S（整理、整頓、清潔、清掃、しつけ）やKYT（危険予知トレーニング）に始まり、新たに学ぶことがたくさんあり新鮮でした。産業医デビューの頃から現在に至るまで、大切にしている取り組み（姿勢）は、①職員との日常的な関係づくり、②管理職との相補的関係と距離感、③現場への配慮と遠慮、おおむねこの三つに整理されるのではないかと思っています。

①職員との日常的な関係づくり

まず、この人間関係は、健康と働き方に関する対話から始まることは言うまでもありません。例えば、健診後の有所見者や長時間労働者、高ストレス者との面接などは、とても大切な出会いとなります。そして、緊急の場合を除き、保健指導や専門医への紹介などの場面では、行動変容を急ぎすぎないようにしています。どんな仕事を担い、どんな暮らしをしているのか、その人なりの生活基盤や習慣を汲みながらの対話を心がけています。例年、保健指導を受けても、なかなか生活習慣を改善できない職員には何らかの理由があるものです。嗜癖にも良きにつけ悪しきにつけ動機があるものでしょう。とにかくすぐに変えようとはしない、言わば精神科臨床的な姿勢がかえって奏功することも少なくありません。

また、巡視する敷地内や休憩室、安全衛生会議などで既知の間柄を増し、勤務状況が過酷なグループでは一人ひとり面談することなども関係づくりの好機となります。こうして日頃から職員とのラポールが形成されていれば、後の受診勧奨など何らかのアクションを一層円滑化させることにもなります。

②管理職との相補的関係と距離感

前述の関係づくりを図りながら、その上で大切なことは、管理監督者との相補的関係と距離感でしょう。ただなじむのではなく、産業医の存在意義は、企業全体の様々なリスクを低減させることに医学的に協力することにあると意識しています。仮に、あるメンタルヘルス不調者の回復を待ちきれず、雇用そのものをスポイルしたがるような事態も、企業の事情によっては起こりかねません。しかし、「これがなぜ企業にとってリスクなのか?」について再考するきっかけを中立的な立場から投じることも、結局はリスク低減になります。管理職のみの判断が、場合によっては業務上の心理的負荷、すなわち労災認定上の「出来事」になる場合もあります。労災の未然防止策として、企業組織の相談に乗ることは、中立的かつ相補的な立場でいないと行えません。

また、精神科領域の疾病性判断に当たる場合、その事例性からメンタルヘルス不調と疑われる職員に、組織への帰属意識や職務への適性など、より本質的な問題が認められることも少なくありません。その一方で、過重労働による疲労や睡眠不足に起因した疾病性への警鐘（予防的な措置）や休業判断への進言には専門的な知見が必要でしょう。職場復帰をめざす事例では、主治医の意見を聞き取るタイミングや連携についても、経験知からの助言・協力が求められます。

③現場への配慮と遠慮

同じ会社の中でも、クリーンルームと粉塵が舞う古い建屋を巡視して、4S（整理、整頓、清潔、清掃）の観点から後者を叱ることをためらったことがあります。しかし、この散らかりは、安全衛生管理上、容認されません。身なりに気を留めることがはばかられる状況にあっても、作業着の袖や裾の乱れがあるために「巻き込まれ」の危険があるのと同様です。床に散らばった原材料や液体などで足を滑らせることもあります。「大変そうだから」と思い、指摘や注意を遠慮することは、不安全行動を招くことになってしまいます。

産業医が進言・注意をどのように現場のリーダーなどに伝えるか？　この場合、配慮にも遠慮にも加減が求められるわけです。精神科医ならば、やむをえない行動制限や限界設定の経験を活かせるかもしれません。そして次第に、衛生のみならず安全管理、危機管理に対して産業医の言葉の重さを体感していく過程は、臨床医が自身の現場でマネジメントを図っていく道程と似ているようにも思えます。

以上の三つの取り組みを実践した場合には、生活習慣病やメンタルヘルス不調の予防策が活きる職場風土の醸成につながる、と筆者は考えています。法定のストレスチェック制度は不調予防を目的としたものですが、これを契機とした総合的なメンタルヘルスの増進が真の目的です。働く人々が広く自身の健康問題について考え、産業医との面接や受療が「あたりまえ」の職場風土づくりにつながるとすれば、この上ありません。

連携・対話場面のニーズを把握し、伝えること

現在、政府の「働き方改革」においても大きなテーマとして挙げられるのが両立支援です。メンタルヘルス不調を抱えた労働者の治療と仕事の両立とは、「病状回復」と「就労可能」の両立と言えます。一般に、病状の回復は、主治医により医学的に判断されます。しかし、就労可否の判断では、病状の安定に伴う生活上のウェルビーイング（幸せで健康な状況）から「可能」と推測されることが多く、回復と復職のタイミングが必ずしも一致しないのです。また、不調者を取り巻く作業環境や人間関係の実態、業務負荷や就労パフォーマンスの実際については、診察室の対話だけでは把握できません。主治医の立場からすれば、目前にいる患者さんが職場ではどのような労働者として在るのか、この二つのキャリアを併せて診ていくためには、職域との連携が必須となります。

筆者が精神科医として働き始めた当初、不登校や摂食障害を抱えた青年を診る機会が多くありました。彼らの多くが自ら望まず受診に至ったわけですが、そんな彼らとの時間を、傷つけない、退屈させないものにしたいと思いました。そのため、親や教師とは違った立場で話を聴き、より多彩な話題から心の内側へのチャンネルを探っていたように思います。診察場面で、「親には内緒にしてほしい」という出来事をどう取り扱うかは重要な課題でした。それでも伝えないと危ないこともあり、家族の立場からの観察や意見を聞かなければならない事態も少な

くなかったのです。そして、家族と連携する際には、患者・家族双方への細やかな配慮が欠かせません。この患者さんは、一家の大事な娘や息子であり、すべての症状が家族のせいで生まれたわけでもなく、家族や周囲の声を併せて聴けなければ、事態が好転することはありませんでした。

その後、総合病院で診療し、身体の代謝の問題や脳血管障害、骨折やがんなどで入院中の患者さんの心の問題に取り組むことも多く経験してきました。例えば、外科病棟に入院中の方の心の問題への対応では、患者さんだけでなく、病棟スタッフとの意思疎通が重要でした。外科医や看護師に、その患者さんの心理的特性について緻密に語ることよりも、彼らスタッフが求める情報は何かを察し、簡潔に対応方針を伝えることが求められます。救急外来の現場でも、搬送された患者さんの「今、ここ」について、取り巻く人にわかりやすく伝わることが急がれます。職種・立場とは守備範囲のようなもので、それぞれのニーズに応じた情報が相まってこそ、チーム医療を進めることができたように感じています。

メンタルヘルス不調を抱えた労働者を支援する際、前述したような臨床場面での経験を活かせるのではないかと当初から考えていました。主治医をはじめ医療側が、患者さんを生活者や労働者として診るためには、家族や職場に様子を尋ねなければわからないことが多くあります。一方、職場側は、病気について専門的には判断できず、医療側に専門的意見を求めるものです。

そうであれば、「病状回復」と「就労可能」の両立のためには、多くの場合、医療と職域間の連携が必要となるのは明らかだと思われます。その相互補完を成すためには、対話場面にある相手（集団・組織）が求める情報ニーズや交流上のベクトル（自我状態）の見極めが必要でしょう。そして、相互的因果関係を探り、心情の微妙な変化やノンバーバルな要素をも汲み取ろうとする姿勢が欠かせないでしょう。振り返れば、そのあたりに、精神科医としても産業医としても、「らしく」ふるまえるエッセンスがあるような気がしています。

第Ⅲ部　医療・危機介入の場面で「聴く」

プロローグ——長い道のりの伴走者

聴き手と話し手の間で、どのようなベクトルが行き交い、どのようなボーカルでいかなる言葉が語られるか。また、しぐさや態度など言葉以外の（ノンバーバルな）情報が、どのような意味や印象を携え、伝わり合うのか。それらが各場面を構成し、聴き手は、その場を共有する互いの関係性を観察しながら対話を進めていく——。このような趣旨で、第Ⅰ部、第Ⅱ部とつづってきました。この第Ⅲ部では、暮らし・仕事・健康問題などが発端になったとしても、その問題の解決や好転がより困難な事例をいくつか紹介します。

心の診療における面接では、まず、クライエントと治療者との間で「治療同盟」という協力関係を結ぶことが始点となります。そして、目前で語られたことはすべてが治療の材料となり、意思疎通を重ね、見立てに沿った治療の流れが定まっていきます。けれども、身体の医学のように理学所見や検査結果といった一対一対応的に明確なエビデンス（科学的根拠）は乏しい世界です。そして、定まったクリニカルパス（標準的な治療計画）のように順当に進むことのほうが稀でしょう。

筆者の経験では、それぞれの場面で焦点となる解決すべき課題以前に、話し手の人となりへの視点や関心、共感的態度による「聴く」姿勢が最も重要に思われます。そして、その姿勢と併せて、いくつかの重要な配慮が活かされれば、「同盟」は固くつくられていくように感じています。具体的には、クライエントの置かれた境遇・状況に対する洞察、社会的立場の前に人として尊ぶことのできる感性、（転移やバイアスを含む）内なる思いと問題解決的思考との分離・折衷などの調整に注ぐ労力でしょうか。

そして、マラソンのように長い道程にわたる伴走をできるだけうまく務めるためには、どんなことが大切でしょうか。それは、相手のコンディションをよく観察し、互いの距離感や自身のペース配分も推し量りながら進むことでしょう。時に、先を急ぎすぎたり、逆に足が止まりそうになっても、その相手に対する場面ごとの「無理もない」といった解し方が求められます。その「無理もない」了解（一種の標準化）がいったんあってこそ、その後の微妙な変化や転機がくっきりと把握できるのだろうと思われます。

ものさし・尺度のようなエビデンスによる標準化の乏しい世界で暮らすには、このような「経験からの標準化（ものさし）」を使いこなすほかありません。そこに、精神症候などによる判断を添えつつ、目前の人が安定に至るまで伴走できることは、責任を伴うことであるとともに類なき喜びでもあります。

Prologue

1 長年の痛み、苦しみを受け止める

人が体のどこかに痛みを覚えるとき、多くの場合はその部分に炎症という現象があり、無理に負荷をかけられない事態が起こっています。「何のこれしき！」と思える場合はまだしも、「この痛みさえなければ……」と、だんだん痛みが先に立ってしまうと誰しも憂うつです。そうなると、自由と活力を奪われて、行動範囲も心理的な視野も狭まってしまいがちです。おそらく他の人にはわからない痛みは、抱えているだけ苦しみになります。炎症や負荷という客観的な事象だけでは表せない主観的な痛みと苦しみには、確かな手当てが求められます。

夫の闘病を支えた女性のおさまらない痛み

幸恵さんは、五十九歳の女性。二年前の夏に、肺がんを患い闘病していた夫を失いました。毎日のように病室で夫に寄り添い、話しかけ、快方に向かう希望を失いたくない日々が続いていました。しかし、そんな暮らしの中でも、どこかで覚悟のようなものができていたのでしょうか。七月下旬、夫の最期に立ち会った幸恵さんは、自身でも周りの親族から見ても、意外なほど冷静に現実を受け止めた様子だったといいます。

その年の一〇月のある日、右上の奥歯が痛み始め、近くの歯科医院にかかりました。う歯（虫歯）として加療されましたが、その後、歯槽《しそう》にも下顎《かがく》のほうにも痛みが広がってしまいました。歯科医もこれには首をかしげるしかありませんでした。痛み始めると夜も眠れず、遠方の総合病院にまで救急受診し、他にも鎮痛を求め何軒かの歯科医院を訪ねました。しかし、どんな鎮痛剤もほとんど効果がありません。そして、歯科的に異常が見つからないにもかかわらず、「こんなに痛むのだから、痛む箇所の歯を抜いてほしい！」と幸恵さんは取り乱してしまいます。

一二月になり、近県の大学病院にある口腔外科を受診しましたが、やはり痛みの訴えが激しいため、同院の麻酔科で右上顎神経ブロック（注射）を受けました。これが、いったん効いたようでした。医師たちもペインスコア（痛みの尺度）の軽快を認めましたが、それも束の間で、その後も所見に見合わない痛みがおさまらないため、心因性の痛みを疑うに至りました。

痛みの受容と医療体験へのねぎらい

翌年の一月、筆者が勤めていた大学病院の精神科外来に幸恵さんはやってきました。先輩Ａ講師の診察の後、入院予約となり、筆者が担当医となりました。これまでの病歴を聴取する際にも幸恵さんは顔をしかめ、咀嚼《そしゃく》できないほどの痛みを訴えます。両手で顔を覆い、頬を手のひらで押さえながら落ち着かない様子で、「とにかく早く痛みを何とかしてほしいのです」と訴えます。

主訴は痛みなのですが、これまで何か所かの歯科、それから麻酔科、精神科と多くの医療機関にかかってきたことは大変な苦労だっただろうと感じられました。そもそも一本の虫歯の痛みだったはずが、口の中全体にまで痛みが広がり、どこも悪くないと告げられることがかえって落胆につながることの不本意さも汲み取れてきます。しかめ面でつらそうな人に、そんな率直な思いをゆっくりと伝えてみました。すると、幸恵さんは、顔を覆っていた両手の隙間から、初めて筆者の顔を見てくれました。「この若い精神科の医者に何ができるのだろう?」などと思われていないだろうか?と不安でしたが、こう続けてみました。

「どこも異常がないと言われても、痛むものは痛みますね。どこかが悪いからではなく、それは、痛みの閾値というものが原因ですね」

医師が患者に、わからないだろうと察しながらも専門用語を使うのは褒められたことではありません。しかし、これにはほぼ確実に意図的なねらいがありました。

そのねらい通りに、幸恵さんは応じます。

「痛みの、いきち?　それは何ですか?」

う歯、炎症、歯槽痛、症候性疼痛、心因性疼痛……こう伝えらえた医学用語は、幸恵さんにとって何ら福音をもたらすものではありませんでした。その時の筆者には、ここでリフレーミング（視点の切り換え）とも言えるように、痛みの正体をまったく新しいものにとらえ直してほしいという意図がありました。そして、おそらく今までどこの医師からも説明されず、しかも「痛み方の敏感さ」をよりクローズアップした言葉として、「閾値」を選択したのです。

ちなみに、頭痛であれ、腰痛であれ、痛みの閾値が問題となっている場合は実に多いのです。脊髄《せきずい》の後索《こうさく》におけるセロトニン、ノルアドレナリンのバランスの乱れなどによる現象です。痛痛む現場に近い脊髄から、痛みパルスは脳へと伝わり、それを受けて脳から現場へと痛み緩和の信号が下降する、そうすると痛みは和らぐのです（下降性抑制系の働き）。そういった神経系の働きを解説しないまま、心因性の痛みとくることでは、打開策や焦点が曖昧です。そればかりか、患者さんにもポジティブな印象を与えることは少ないでしょう。そのままさらに脳内の辺縁系《へんえんけい》と呼ばれる領域の興奮が続けば、誰しも痛みとともに不安が強い状態となります。その結果、「痛む」感覚が「痛い」という訴えの方向にだけ、どんどん強く表現されることになりかねません。

幸恵さんとの対話場面に話を戻しましょう。

「今、ここ」では、痛みの閾値に焦点化して、ゆっくりと抗うつ薬の持つ痛みの緩和という効能を説明していきました。

「すぐに痛みがゼロになることが一番ですが、一〇ある痛みがだんだんと一けたに減っていく、そんな治療を始めてみませんか」と提案しました。

幸恵さんは、頬に当てた手を時に外しながらうなずいてくれています。その流れで、入院初日の夕食後からの処方薬について説明しました。けれども、閾値やセロトニンや下降性抑制系といった、幸恵さんにしてみれば初めて聞く言葉をすべて理解されただろうか、確信は持てませんでした。そのため、これからもこの話は何度か説明し、安心と理解を深めようと思い、その旨お伝えしました。

抗うつ薬のクロミプラミンの投与開始から約二週間経ち、同剤を三十ミリグラムに増量した頃から、幸恵さんの訴えは変わってきました。

「痛いのは痛いけど、時々痛まない時があるんですよ」

ある日の夕刻、このように話してくれました。

連日朝に夕に病室で状態をうかがうのですが、特に夕食後の時間帯になると、「先生もお疲れさま」と優しい笑顔でねぎらってくれるまでに変化が見られました。

「痛いのは痛い」を共通言語として、「今日は昨日に比べてどうでしょうか?」という問診が続きます。そのパターンを崩さずにいると、比較的な変化が浮き彫りになるのだなと、内心わかってきました。

薬効もあり、主治医の「日参」も安心感を生んだのか、次第に幸恵さんの表情は明るくなってきました。他の入院患者さんと連れ立って、入院時には痛々しくさえ見えた白髪を病院内の美容院でカラーリングしたり、売店で間食を買ってくるようにもなりました。

「硬いものはまだ食べられないけど」と笑って、新製品のプリンなどを食べている姿を見ると、主治医としてうれしく感じられました。

入院後二か月が経過し、幸恵さんは、寛解《かんかい》（服薬など治療していれば症状がない状態）に至りました。

「痛む」と「痛い」、ネットとグロス

幸恵さんは、疼痛緩和のための医療的処置が過去多彩に施され、言わば医療体験の「こじれ」を抱えた難治性のケースでした。そのため、治療導入の際に過去の医療体験にまつわる心労の支持と所見の伴わない鎮痛の存在について受容することが先決だったと思います。その上で、人体の疼痛に関わる神経回路（上行性・下行性ニューロンなど）の説明を行い、支持的なリフレーミングを図ることとしました。

疼痛という症状のみではなく、長期に不具合を抱えてきた「生きづらさ」についても傾聴し、

疼痛緩和とともに自己効力感が回復するよう支持的対話を継続していきました。

　このような治療経過において、患部に存在する疼痛をそのまま上行性（脳に向かう方向）に「痛む」と知覚する実質の量をネット（net ＝正味量）とすれば、愁訴《しゅうそ》として「痛い」と表出される量はグロス（gross ＝総量）と言えるようなものだと思われます。ネットの痛みが、痛む人の不安・抑うつや性急さなどによりかさばって、総じてグロスとしての訴えにつながるように理解されます。この理屈が、何度か説明を繰り返されることで、治療者と患者間で次第に内々に共有されることがあります。そこに手当て（治療）が向けられていくうちにネットとグロスの差がわずかとなり、総じて回復に向かうのだと振り返れることが少なくありません。そして、面接のたびに痛みについて問うことを少し控え、痛みの話題が減り、「今、ここ」の心情についての対話が増してくると、もはや悪い経過ではないと感じられることも経験します。

2 青年期への示唆には工夫がいる

なつかしい音楽を耳にして、ひととき郷愁に駆られながら、遠い記憶をたどることがあります。そんな時、幼少時から青年期（思春期）に経験した五感の記憶や、まるで忘れ物のような情景と出会います。初めて訪れたはずの街でデジャブ（既視感）を覚えた時も、どこか遠い思い出と重なるように感じられます。つい最近の出来事よりも、あの頃見聞きし、なじんだものは、忘れがたいようです。何事も新鮮で、たくさんのことを心に留めた青年期です。「多感」や「感受性が豊か」といった評価と称賛は、やはり青年期の人々にふさわしいものでしょう。

そのセンシティブな時期には、まだ自分らしさというものはわからないまま、自己との直面や模索が続きます。自分と他人との相違や類似、「周りからどう感じられるか？」については過敏なほどです。加えて、まだ経験の浅い客観を育ち盛りの主観が凌駕するがために、本当は奇異な感覚や行動が目立ちがちな時期です。

自ら望まざるもあたりまえでない青年たちと出会う時、聴き手には何が求められるでしょうか。まずは、何をどう描かれてもよいキャンバスのような率直さと、経験知を操りながらも柔軟に添う洞察が欠かせないでしょう。そして、いつの瞬間も迷いながらのような心の営みに対するねぎらいも望まれます。さらに、意思疎通を図りやすいチャンネルに運よく同調（チューニング）できれば、ラポールづくりは促されると思います。

●微笑ましい思いで聴けるスタンス

大学二年生、心理学を学ぶトシオさんは、中学から始めた剣道の腕前も際立ち、全国レベルの選手でもあります。個人戦、団体戦ともにエース格にありますが、先輩たちとの人間関係がどうもうまくいかないようです。その悩みを抱え、数週間前から登校時に吐き気や頭痛がひどくなってきました。トシオさんの親戚に勧められ、筆者が相談を受けることになりました。礼儀正しく、これまでの経緯を述べるにしても、その語彙や用法に賢《さか》しさが感じられます。

客観的には、先輩たちからの妬みがトラブルの要因にあるようでした。彼の剣道での活躍だけではなく、この時期には特段にドラマチックで刺激的な恋愛の事情も絡んでいる様子でした。構図としては、トシオさんに恋をする女の子と先輩の一人との三角形。なるほどね、と。こういった話を聴く時、筆者は、胸がキュンとするようないい話だ！と思います。精いっぱいな本人には伝えないことにしていますが。

ただ、それだけではなく、さらに微笑ましくもあり問題なのは、トシオさんの過度なまでの謙虚さでした。剣道の試合であれ、青年期の多彩な魅力であれ、「ボクなんかでも」と自重した表現が目立つのです。そして、おそらくは、完全に達観できているわけでもなさそうなのですが、剣道も恋も、その成果は偶然の賜物のように宣《のたま》います。黙々と打ち込んでいて、結果は後からついてくるものに過ぎない、と。さらに、先輩たちが悪いわけでもないのだ、とも。まるで、平穏な学園で、トキメキもジェラシーもないような説明になっています。しかし、青年期とは「疾風怒濤《しっぷうどとう》の時代」なのです！

（実態がそれほど平穏であれば、キミの悩みも体調不良もないだろう……。あまりにソフトな描き方は、この医師との相談場面へのキミなりのおもんぱかりと脚色がそうさせているに過ぎないのかもしれないね）

筆者は、これもまた微笑ましいのだが……と感じつつ、こう思いました。そのため、ただシンプルに、こう質問してみました。

「それでは、なぜあなたは悩むのかな？」

「わかりません……僕が弱いんでしょうか、メンタルの面で」

さらに尋ねてみます。

「何人もの大学生がいれば、いろんな感情の波風はあるものだと思われるけどね？」

「波風が、あって仕方ないのですか？　……そんなのは無いほうがいいです」

もう少し、露出を強めにして聞きます。

「波風って、嫉妬や嫌がらせだけじゃないのでは？」

「ボクの今の体調も、波風なんですか……」

着地できればいいような気持ちで、続けます。

「今まで休むことはなかったんだからね、余波だね」

「波風は……リアルに……ありますね」

と、ようやく少し笑える彼がいました。


このような問答は、いわゆる「ソクラテス式問答」のようにうまく流れるとは限らないものです。しかし、彼の思考や洞察が、対話の中の何かに妨げられることなく、このストーリーにくまなく駆使された結果、彼なりの否認を解くことになりました。何かとは、大人が語りかける時に醸し出される多くの異物や、関わることがもたらす副作用のようなものです。それしきのことで悩むのか、誰にでもある、あたりまえだろう、などの陰性感情らしきものは、わかりやすい異物でしょう。こういう時はこうしなさい、それは正しい、間違っているという押しつけや、恣意的な論法での示唆（お説教）がないこと。そのほうが、聴き手は、どう描かれてもよいようなキャンバスに近づけるはずです。

家族の思いは吐露されるままに聴く

中学二年生の女子、アユミさんは、春からの新学期に、クラスになじめないでいました。おとなしく、思うことを内に秘めるようなところがあり、そんなところを男子に揶揄され、じっと黙ってうつむいていると、「○○貝！」と笑われるような日々が続いていたようです。ある日のこと、母親と夕食をすませ、テレビで中学校を描いたドラマを見ていました。そこで描かれていたのは、何人もの男子が群れになり、川べりで下級生をいじめているシーンでした。それから数分後、アユミさんは、突然体全体をこわばらせ、一点を見つめたまま、黙って動かなくなってしまいました。母親が話しかけるも、反応がないため近くの総合病院を救急受診しました。種々の検査後、てんかんの発作でもなく、心因性の現象を疑われ、翌朝、精神科外来を受診しました。

診察を担当した筆者は、アユミさんの様相と経過から緊張病性の昏迷状態と考えました。脳の器質的な異常を除外して、入院加療が必要だと判断し、ご両親に説明を始めようとしていたところでした。そこでアユミさんのお父さんが語気を強めて言いました。

「この子は、学校でいじめられてこうなったんですよね？　違いますか、先生」

次いで、お母さんが半泣きになりながら言います。

「それなのに、あんなテレビを見せた私が悪い……」

お父さんのほうは、おさまりがつきません。

「学校の担任や、いじめた子らの親はどういうつもりなのか！　……こんな姿はかわいそうだから（他人に見せたくはないが）」

「そんなこと、ここで言っても仕方がないじゃないの！」

このような場面で、担当医としては、経過をより詳しく聴き出したい、病態と治療について説明したいと当然考えています。けれども、ご両親の憤慨、悲哀、悔恨などは、吐露されるままに、まず黙って聴くことこそが、その下地になるように思います。そして、できるだけ「そうですね」「わかります」などの即時的な反応を軽佻に挟まない意識も大切でしょう。容易に理解できた風な同調や、すばやく相づちを打つことが共感ではありません。まさに、“You're OK”と、あふれる思いを吐露されるままに聴いて初めて、「無理もない」との受容の姿勢を表すことができるものだと思います。

特にこのケースでは、人として、親としての喜怒哀楽に加え、思いもよらない家族の急変です。医師や聴き手は、親身になって心情に添う場にあっても、当事者になり代われるわけではありません。同時に、冷静に速やかに治療を進めなければならないタスクもあるのです。その両立のためには、感情のほとばしりとそのおさまりまで、共に在りながら経過する必要があるのだろうと感じています。感情の奔流がカタルシスに至った後、ようやく言語的理解を促しやすくなることは多く経験します。

秘密の取り扱い

ところで、「この話は、ここだけの秘密にしてください」と、親や教師や他の人には内緒にしてほしいと望まれた時、聴き手はどうしたらよいでしょうか？

秘密には、永遠にそれが守られる保証はないものです。しかし、内緒にしてくれるなら話すという条件は、「あなたにだからこそ伝える」という、ある種、魅力的な提示かもしれません。聴き手にとって少しでも魅力的に感じられる場合とは、さらに心情や事実を聴くことができる、信頼されて託されている、対話がうまく運んでいる、など数多の理由が浮かびます。逆に、聴き手が「用心しなければ」「内緒にはできない」と考える場合には、秘密を二人だけのものにすることのリスクを何らか感じるからでしょう。

例えば、親などに伝えていない感謝、内緒にしておきたい楽しみ、言ったことのないような不満、SNSへの書き込み、恥ずかしいような買い物、親や教師には知られたくない人づきあい、過食、（自己誘発性）嘔吐、自傷行為、許されていない嗜癖、怖くて言えない身体の変調、巻き込まれている窮状……等々。それぞれ異なりますが、いずれの場合にも共通して、一つの見極めが必要となります。まずは、今は伝えられない、あるいは、伝えたくない心情なのか、人知れず行ってしまっている行為なのかには着目しなければなりません。今は秘めているが、いつかは伝えたい、伝えたほうがよいといくばくか本人が思っている心情であれば、「今、ここ」ですぐに保護者らに伝えるよりも、それを汲むメリットはあります。ただ、その内在していることが何らかの行動や症候につながっているとすれば、別の判断が必要になります。一方、秘めた行為や状況が継続され、そのまま進行すると心身・存在に危険があるとの予測が立てば、もちろん秘密にはできません。

それでは、秘密を結んでくれるか否かの答えを求められた場面で、どう伝えるのがよいのか、です。筆者は、「秘密のままのほうが話しやすいですか？」とまず問います。そして、「秘密のままで大丈夫なことはそれでいいのです。でも、秘密のままだと何か危ないようなら、（親などに）伝えることもあるかもしれない」と伝えることが常套でしょうか。さらに、これまでの経験では、秘密を守ってあげたほうがよいと感じた場合でも、秘密にすることのメリットとデメリットを挙げていく共同作業を会話の中で進めていきます。そうすると、来談者（クライエントまたは患者さん）本人からは、メリットはスムーズに挙がるものの、デメリットは挙げたくない、または思いつきにくい状況が少なくありません。聴き手のほうが、より客観的、中立的に、内緒のデメリットを見つけやすいはずなのです。そのデメリットにまつわるリスクを勘案する力が、聴き手に備わっている必要があります。そこは、心情や気持ちの吐露を扱う者に必須の責任でもあります。

リスクについての斟酌《しんしゃく》を聴き手が単独でできないならば、すべからく誰かと共有すべきであり、秘密にはできないのです。

3 行動化の取り扱い方

●行動化とは何か?

人の喜怒哀楽が見て取れるのは、それが言葉や表情・態度に表れるからでしょう。誰しも、希望や活気は明るく、落胆や悲哀は暗く、その気分に調和した面持ちや言動で表現するのが普通です。また、皮肉や嫌味などのように、発する言葉に裏腹な意味合いが込められることもあります。これらの表現とは、その場での言語や表情・態度が、相応の意味や意図を表しているものだと言えます。いわゆる、バーバル（言語的）、ノンバーバル（非言語的）な表現方法です。

しかし、後から客観的に顧みると、あの時、言葉で表現されていれば伝わってきただろう意図や思いを、その時には、その行動でしか表せなかったという事態もあるものです。このような場合の行動による表現を行動化と言います。一般に、行動化を繰り返す場合には言語化へのシフトが勧められます。行動で表すのではなく、言葉でちゃんと伝えるようにしてね、と。ただ、前提として、その行動化に至った思いをまずは受容して、いったん汲んでみることをお勧めしたいと思います。特に自傷の方向に走った行動化を見た時には、他害の場合と異なり、問答無用の全否定は断絶を招きます。多くの人にとって、一度使ってしまった道具（方法＝行動化）をあらためて、苦手なもの（方法＝言語化）を使ってみるのは容易なことではありません。まして、長い間使い慣れてしまった道具を捨てて、持ち替え続けていく忍耐を見守るのは、併走しながらねぎらい続けるような、長い道のりになるでしょう。

救急で来院したある若い女性

筆者が精神科病棟の当直を務めていたある夜のこと。救急担当の看護師から「通院中の方が、眠る前の薬がなくなったとのことで来院されました」と連絡があり、初療室に向かいました。母親に連れられて、うつむいたままの若い女性は、カオリさん、二十六歳。先輩医師T先生が受け持つ外来患者さんで、そのカルテの病名欄にはＢＰＤ（borderline personality disorder＝境界性人格障害）と書いてありました。

はんてんを羽織った体は震え、男の子のような短い髪は、かきむしったように乱れています。うなだれて泣いているのですが、母親は「先生にちゃんと話しなさいね！」と言い残し、部屋の外に出て行ってしまいました。

まずは、お名前を確認して、筆者も自己紹介です。

「サカイカオリさんですね。今日、精神科病棟の当直医をしている小山と言います」

（この時もそうでしたが、たいていは専門分野や役職ではなく、その場の役割、つまりなぜ今ここにいるのかを名前に添えます）

彼女は嗚咽《おえつ》しながらも、うん、とうなずいているように見えたので、続けます。

「処方されていたお薬が足りなくなったように聞きましたが？」

今度は、大きく首を振って否定するようなので、そのまま「違うの？」と問います。しばらく無言ながら対峙して待つことが欠かせません。

「違う……さっき、夕方に、全部、飲んだから……」

大量服薬なのか？　確かめると、残りの三日分、二種類計六錠を服薬したようでした。短時間作用するタイプの睡眠導入剤と抗精神病薬。救急処置は不要と判断し、性急にならずに、率直に問い返していきました。

「それで、今、眠くはない？　ですか？」

（まずは敬語体でなく擁護的に問いかけて、後で「です・ます」調も添えてみます。少し距離を近づけてみて、中立に戻り、どちらが安心なのかを測る工夫です）

しばらくして、

「……大丈夫」

「大丈夫」
（返答に少し遅れるように「大丈夫」をオウム返しに添えます。この場を落ち着いて共有しているよう演出することで、性急になりかねない雰囲気を抑える効果を筆者は経験します）

意識も確かに大丈夫そうです。ただ服薬の影響が強くないか確かめるために、手首の硬さ（筋強剛《きんきょうごう》）と脈を診ます。その直前、カオリさんは、一瞬手を差し出すのをためらったかのように見えました。右手首の屈側《くっそく》には無数のリストカットの跡が重なっています。幸いに新鮮な傷はないものの、これまでの彼女の焦燥、鬱屈、不穏を見せられた思いでした。そして、指と手のひらは赤く乾き、荒れています。皮脂が落ちるほどに繰り返し（強迫的に）手を洗っている姿が連想されました。

その行動でしか表せなかった思い

十七歳でひきこもり、不登校、拒食となったカオリさんは、失声から吃音《きつおん》の傾向も加わり、家族（両親、弟）との会話まで拒むようになりました。地域の精神保健センターの約三年にも及ぶ介入によりようやく治療につながり、次第に人との交流を取り戻してきました。しかし、抑うつ、強迫観念・行為（手洗いなど）、時折生じる希死念慮のため、大学病院に通院を続けています。

担当医は、精神保健センターの頃から変わらずT先生ですが、直近の外来での会話がT先生とかみ合わず、落胆と憤りを抱えていたようです。どうやら、T先生に対して次第に強まる陽性転移をT先生がコントロールしようとしたのが発端のようでした。距離（感）を測りつつ、情緒的に訴えない中立的な会話に徹する担当医。カオリさんは、いつもよりよそよそしい雰囲気を察して、「見捨てられた」ように感じていました。以来、連日の落胆（見捨てられ抑うつ）とともに、やり場のない憤りを鬱積させていたのでした。

たどたどしくも語られ始めたフレーズへのオウム返しと、「その時どう感じたの？」「どうしてそう考えたの？」などを挟みながら、今に至る経過を聴き取りました。確かに、この救急の夜に、ここに来て、この面接が行われなければ、他で語られることはなかった出来事と思いだったでしょう。そう受け止めたことと、「やけっぱちになっても」無理もないだろうと思えたことをカオリさんに返しました。

そして、ゆっくりと切り出してみました。

「T先生に、伝えたい思いがあった。否、今ある……のでは、ないのかな？」

「……わかりません」

「今、あるのか、ないのか、がわからない？」

「そうじゃなくて……」

然り。そうではなく、どう伝えたらいいのかがわからない――。

この焦点化を手伝いたいがための問いかけでしたが、何とかうまく着地できたようです。その行動化（自傷や過量服薬）を端から矯正する意図はなく、むしろ伝えたいことは何だったのかを抽出しようとした一時間でした。

「この『どう伝えようか』への答えは、次にT先生と話すまでの宿題にしていいね？」と告げると、カオリさんは苦笑していました。また、気持ちのコントロールができそうにないと思った時には、いつでもコールするように伝え、次回通院日までの処方薬とともに帰宅させました。

後日、T先生とカオリさんの外来では、以下のような言葉が語られたようでした（カルテから）。

◆救急で出会ったコヤマドクターに、うまくたしなめられてしまった。

◆これまでガマンして通い続けているのだから、突然ソッポを向かないでください！

筆者が、やわらかく思い描いた予定調和のごとく、「私のことをちゃんと見ていてください」とまでは言わない、カオリさんの意地っ張りが垣間見えました。きっとまだ、この治療関係に紆余曲折は続くのだろうなと、微笑ましい思いすらしたのでした。

4 社会的タブーの告白を治療転機に

社会通念に照らして、他人への迷惑となるような多弁や多動、他者との争いにつながるような怒りっぽさ、気分高揚などがあれば、精神科医は深刻な躁状態と判断します。モラルや常識、公序良俗に反する行為は、社会的にタブーとされ、忌み嫌われるものの総称と言えるかもしれません。それが、躁うつ病などの精神疾患による行為であれば行動上の問題とされ、疾患への治療が奏功するとともにその問題も緩和されていきます。一方、逆に何らかの社会的タブーを犯した人が、それにまつわる後悔や落胆により、自責的に精神症状をきたす場合もあります。そのタブーの水準が触法行為であった場合を除き、その個人の悔恨と随伴症状に対する治療の主眼は、はたしてモラル側にのみ置かれるべきなのでしょうか。

おさまらない発作

三十歳代後半の女性、エリコさんは、数年前に離婚し、幼稚園に通う長男と二人暮らし、デパートに勤務しています。普段から愛想よく、礼節正しい接客ぶりも評判でした。

ある年の一二月中旬、仕事も多忙で疲労が重なったのか、帰宅後に突然、過呼吸の発作に見舞われました。何とか近くの医院を受診し、抗不安剤を服用し落ち着き、その晩はぐっすりと眠りました。しかし、その後も特に誘因なく、手のしびれ感や息苦しさを覚え、仕事も休みがちとなり、総合病院の心療内科を受診しました。薬剤治療が始まりましたが、過呼吸発作や両手のしびれはなかなか好転しません。次第に、気分は落ち込み、「死にたい」などの言動も見られるようになり、しばらく休職し、長男は実家に預けることとなりました。心療内科担当医から筆者の勤務する病院に紹介があり、休職期間を利用して療養を主体とした入院治療を行うこととしました。

入院後、処方薬の調整も行い、気分も安定しつつありましたが、院内での明るすぎるような様子が懸念されました。気分の様子を尋ねても「今は大丈夫です」と、これ以上ないような笑顔で答えることがほとんどでした。入院後二週間が経ち、過呼吸の発作もないため、週末に自宅への外泊を試みました。ところが日曜日の夕刻に救急隊から連絡があり、エリコさんは意識障害をきたし病院に搬送され戻ってきたのです。心電図や点滴回路（静脈ルート）確保などの処置を行い、四肢のけいれんや突発的な過呼吸の後、十数分で意識は戻ってきました。

「ごめんなさい……」と小声で繰り返す様子は、それまでのエリコさんとは別人のように生気のない様相でした。

何とか問診が可能となり、診察室に移すと、「もう大丈夫です」と言って丸い椅子に座り、少しずつ話し始めました。

「先生に、嘘をついていました」

「嘘?」

「外泊、家にも実家にも寄らずに、すみませんでした」

入院中の方の外泊先は届け出てもらうのですが、どうやら別の場所にいたのでしょう。

「今、話せることだけ、聴かせてください」

なるべく簡潔に返し、面接は短時間として安静を促すつもりでいました。

懺悔の椅子と安楽なソファ

「病室に戻りましょうか」と促しても、エリコさんは、椅子に座ったまま、両手と顔を目の前の診察机に投げ出すように突っ伏してしまいました。そして嗚咽、再び呼吸が促迫《そくはく》しそうな状態です。

その小さな丸い椅子は、病院の診察室によくある背もたれのないもので、今の彼女にとって安楽なものとは言いがたいものでした。そして、机に突っ伏す姿が、その時なんとなく「懺悔《ざんげ》している」ように見えてきたのです。

「誰にも言っていないことなのです」

言葉が断続的に聞き取れた時、筆者は彼女を看護師とともに、廊下を挟んだ心理面接室へ誘導しました。そこには、もっと座り心地のいい安楽なソファがあります。

「さあ、そこで、ゆったり休んでください」

無言で座りかかった彼女はしばらく無言です。

そこで、筆者は、語りかけ続けることにしました。つらかったことはすべて過去形で。さっきの「懺悔」の椅子と今の状況との違いがわかるように。

「誰にも言っていなかったこと、抱えていたままで、つらかったのですね」

「どこか無理していたようで、心配でしたよ」

「ここは静か。ソファは大きくて、ゆったり、横になったらいいのです」

「さっきは、謝ってばかりだったけど、ここではゆったりすればいいのですよ」

日曜の夕刻の病棟では、そろそろ夕食の準備が始まっているようでした。面接室の外からは、他の患者さんや看護師の談笑も、優しい音楽も聞こえてきます。

「ケニー・Gだ……」

そして、エリコさんは、ようやく話し始めました。

以前から、よく相談し、援助してくれていた妻子ある男性との交際がありました。エリコさんの前夫は、過度な飲酒と暴力があり、つらい時によく話を聴いてくれていたのが、その彼だったのでした。外泊の週末は、その男性と会う約束をしていたようでしたが、彼の子どものイベントなど家庭の事情で断られたのだと。

そして、彼女は、かねてから決めていたように、もうその交際にピリオドを打つことにしたのだと言います。その彼に家庭があり、家族がいることをようやく、しかも強く実感したためでした。

不倫関係は社会的タブーです。そのタブーへの入り口で防げるものなら自重できたのでしょう。前夫からのＤＶ（ドメスティック・バイオレンス）もあり、働く母の役割も覚悟はしていた。そして、「今、ここ」では、ようやく出口にいることの吐露がありました。その時、筆者は、この出口に至るまでのまったただ中のことは、ブラックボックスのままで置いておけばよいと感じました。そして、「わけがあったのだ」と理解した旨をエリコさんに伝えました。

相手とその家族にはいつも後ろめたさがあり、子どもにも老いた母にも言えないタブーを犯した自分に、幸福な毎日は来るはずがない、過呼吸もおさまらない、と。自責の思いが、ウェルビーイングを享受してはいけないという一種の禁止行為となり、在り続けていたようでした。

懺悔の様子に見えた小さな椅子から、大きなソファに座り変えたことも、夕飯時のなごやかな音声も影響はしたのかもしれません。ただ、「今、ここ」の状況に調和した面接、問答と環境（場）の設定は意識的に行いました。

その後も「わけがあったこと、そして訣別」との解釈を変えず、外来加療をしばらく続け、エリコさんが新たな毎日に向けて歩き出した様子を確かめるに至りました。

5 発達障害の新入社員を支える

●社会性が醸成されないまま「今」を迎えた若者たち

多くの人は、家族のもとで育ち、友達と交わり、遊んだり学んだりしながら社会の中で暮らし始めます。愛情を受け、喜怒哀楽を覚え、言葉と意思を交わしながら成長します。体も心も、その過程で様々な発達を続けていきます。子どもたちが青年期へと伸びていく姿は、一人ひとり様々です。

そんな中で、例えば、学校への忘れ物が多く、クラスでも落ち着きがなく多動な子どもたちがいます。一人でゲームや物作りに夢中になり、友達と遊ぶよりも自分なりのこだわりが先に立ち、うまく交流できない子どもたちもいます。何となく過去の自分にも思い当たる一面があったり、同じクラスにいた誰かのことを思い出すことがあるかもしれません。でも、あの頃はそれほど大きく取り沙汰せずに、何十年か後の同窓会で、「ずいぶん立派になったねえ」と見違えるようなシーンも経験します。

発達障害と呼ばれる子どもたちの成因には、遺伝要因と環境要因が影響するとされています。その原因をめぐり、「愛情不足や育て方のせいだろうか?」などと親たちが嘆くことのないように、医療者には、その診断や説明の際には細やかな配慮が求められます。また、メンタルヘルスの話題が世間や職場に啓蒙されるとともに、多様な「うつ」が増したのと似た現象が懸念されます。すなわち、「メンタル?」「うつ?」「発達?」(じゃないの?)のように、誰かのことを簡単に「発達障害」メガネで見ることが少なくない現状があります。うっかり忘れ物が多いことや落ち着きがない様子について、それが正常か、障害のレベルかの境目はグラデーションのごとく曖昧なものなのです。容易に「障害」と呼ぶのではなく、その人となり、特性を尊重すべきことは言うまでもありません。

最近は、職場で見られる成人の発達障害が問題となっています。すなわち、大学生(相当年代)の頃までに、注意欠陥・多動性障害(ADHD)やアスペルガー障害の特徴が目立たず、社会人になって早々に周囲との違いや不和が事例化することが増えてきたのです。うつ病などの事例性は、「(その人の)いつもと違うこと」ですが、「周りと違うこと」が増えてきた傾向とマッチしているのです。しかし、その人たちの学童期や思春期に何も問題がなかったのかは疑わしく思えます。周りの人たちとの接点や関わりが少なくて済む生活の中にいたか、または、他者からの目配りや働きかけが乏しいままに成長してきたのかもしれません。単に進級を重ね、あるいは黙々と学び学校を卒業することは、多くの場合、可能でしょう。職業人となり、周囲とコミュニケーションをとり、おもんぱかりながら仕事を進める社会性が醸成されないままに、「今」を迎えた若者は少なくありません。

「ダメなんですよ」という自己評価

ある日のこと、地域の老人養護施設で働く男性介護職が上司（先輩）に伴われて外来診療に訪れました。アキオさん、二十三歳。入職して三か月経っても担当する入所者への働きかけがうまくできず、とっさに（入所者の）手足などの左右を誤認する、複数の入所者を混同するなど、注意が散漫になりやすいとのことです。先輩が見守りながらにしても、入所者の担当を割り当てることができず、業務に支障が出ていました。

けれども、その先輩から見た彼の人となりは、明るく、返事もよく、「今度は気をつけます！」と頭を下げる素直な態度に好感が持てるようです。その分、よけいに「何とかならないだろうか」「何とかしてやりたい」といった思いが強く、同伴して受診させたとのことでした。職場全体では、試用期間と見なす三か月が経過して、この働きぶりでは雇用を続けられないといった判断が優勢だったようです。しかし、試用期間とは言っても雇用契約を結んでいます。そして、現場では、健康問題であるＡＤＨＤが疑われるまま解雇はできないだろうとの声が上がり、疾病性を確かめることが優先されたのでした。

この例に限らず、職場の上司などが同伴して受診した場合は、まず、そのままオープンに両者からの話を聴くようにしています。そして、同伴者が本人とどのような関係なのか、本人の状況をどの程度知りたいのかなど、今後の職場との連携・情報共有を意識して話をうかがいます。仕事を休んで来院したことへのねぎらいも欠かせません。アキオさんの上司の場合も、この流れの中で、前述のような「何とかしてやりたい」思いを聴き取りました。それから、ご本人と詳しくお話しし、聴いた上で、再度説明する旨を伝えて診察室外で待機していただくようにします。

先輩が退室した後、アキオさんに話しかけます。

「今日は、先輩に連れられて、初めてここに来て、緊張したのではないですか？」

まずねぎらうとともに、リラックスできる雰囲気へと誘ってみました。彼は、人懐っこい笑顔を見せて小さく頭を下げます。受診することにそれほど強い抵抗や不本意な思いはないようでした。

（受診がとても不本意で嫌々ながら訪れた人では、こうはいきません。その場合は、不本意な思いをまず十分に聴くことにしています）

「そそっかしい、おっちょこちょい、遅刻魔……」と、これまでの周囲からの自分評を聞き出します。それらを自分も否定できず、だんだんと自己評価が「ダメなんですよ」と低くなってきている様子です。

次いで、生活のリズムなどについて問うと、約束の時間やバスの発車時刻に気をつけていても、ふと気づけばギリギリになってしまうか遅れがちになる、と。簡易心理検査においてもADHDの傾向は明らかでした。さらに、現在の仕事に就いてから連日疲れが募り、休日はたいてい家で横になっている様子です。時折、「仕事を辞めたほうがいいのかな」と思うことも増えてきたようです。このままでは、彼の健康な部分や持ち前の明るさが損なわれてしまうのではないかと懸念されました。

●本人の持ち前の利点に着目する

そう思いながら対話を続けるうちに、筆者は、彼の声質のよさと一つひとつの言葉の発音がとてもきれいなことに気づいていました。これを面接の転機にできないかとイメージしながら、「今までに人から褒められたことはどんなことですか？」と尋ねてみました。

「あまり褒められたことは、最近ありませんが……」と彼は少し考えた後で、少し待つと、「高校の頃ですが、陽気、返事がよい、歌がうまい……のかな？」と三つほど挙げてくれました。

これには「なるほど！」と呼応しやすく、感じていたボーカル（声質と発語）のよさをフィードバックしてみました。このところ自己評価がかなり下がっていた彼には、目前の医師が興味深そうに褒めることが意外そうでした。その反応を確かめながら、「いい声で、言葉をきれいに表現できることは、持ち前の大きな利点ですよ」とさらにコンプリメント（自信を持たせる誉め言葉）を続けました。そして、仕事の現場では、高齢の方に対する回想法の紙芝居やレクリエーションの歌唱などがあることが話題に上りました。一般に、発達障害圏の人は、集団のまとめ役は苦手だと思われますが、シナリオが決まったプレゼンテーションや歌唱指導などであれば、彼の利点を生かせるかもしれません。このようにポジティブな話題が続く時点で、面接での関心領域は、経過、診断から、彼の特性や働き方のヒントにまで移っていきました。何とか彼自身の自己効力感につながってほしい、という治療者の思いを添えながらのセッションでした。

この面接の後半では、職場の先輩たちは「辞めさせずに何とかうまく働かせたい」と思い、アキオさん自身も「今の職場を辞めたくはない」ことを確認しました。その後、臨床心理士による複雑な心理検査を行い、やはりＡＤＨＤと診断しました。本人には、この障害傾向が強いことを説明し、いったん休業した上で、服薬とカウンセリング、リワークデイケアを勧め、導入できました。リワークでは、一つひとつの作業の確認、移行、積み重ねといった手順や振り返り、整理整頓に十分な時間をかけていきました。コミュニケーション技術のブラッシュアップも、暮らしと職業生活の振り返り作業にも、彼はがんばって打ち込みました。ボディワークやレクリエーションでは、彼の利点であるボーカルが冴《さ》えていました。四か月後に現職に復帰し、通院を続けながら安定就労がかないつつあります。

6 うつ病を否認する管理職の治療導入

働き盛り層のうつ病予防のためには、まず、過重労働の削減や職場環境改善などの働き方への対策があります。仕事のストレスや過労の持続は、睡眠や休養の時間を圧迫し、蓄積した精神（脳）作業疲労が、健康な脳内ストレス適応の破綻を招く場合があるからです。その結果、ホルモンバランスの乱れ（視床下部—下垂体—副腎皮質系など）から前頭葉の機能低下につながり、注意・集中力の低下をきたします。そのため、仕事のミスが増え、根気も活気も続かないため、「いつもと違うこと」（事例性）として周りの人が気づく場合があります。次に挙げる七つのサインが参考になります。

【うつ病を疑うサイン——周囲が気づく変化】（厚生労働省）

1　以前と比べて表情が暗く、元気がない。

2　体調不良の訴え（身体の痛みや倦怠感）が多くなる。

3　仕事や家事の能率が低下したり、ミスが増える。
4　周囲との交流を避けるようになる。
5　遅刻、早退、欠勤（欠席）が増加する。
6　趣味やスポーツ、外出をしなくなる。
7　飲酒量が増える。　など

●「私は心の病などではない」

五十一歳のシバタさん（男性）は、造船業の技術系管理職です。ある年は、担当する工場の製造ラインのシステムを更新する作業に追われ、多忙な毎日が続いていました。技術職らしくまじめで几帳面な反面、過労や睡眠不足にもかかわらず、自身の健康問題にはあまり気を払っていなかったようです。数年前から、高血圧と糖尿病予備軍のためT内科医院に通っていました。この数か月、血圧も血糖値も安定しない様子でした。そればかりか、T先生から見て、最近活気がなく、通院予約の日時を何度か間違えたことも懸念されたため、筆者のストレス外来に紹介され、受診となりました。

初診の患者さんには、まず、問診票に自身の困っていることなどを記入していただき、不安と抑うつの調査票（自記式質問紙）への回答を待って、診察を始めます。シバタさんの問診票は、

「T先生からの紹介」「高血圧」「ストレス」「他に困ることはありません」と簡潔すぎる記載でした。抑うつの調査票への回答では、多くの設問で「問題ない」「該当しない」の選択肢に○がついていました。そして、対面です。

「T先生からのご紹介ですね」

「はい。血圧が高いままで、ストレスだろうと言われましたので」

「お困りのことは、ないように書かれていますが」

「忙しい時期なのでそのためです。うつ病とか心の病などではありませんし」

ずいぶん断定的な物言いです。バーバルもボーカルも拒否的ですらあります。

「忙しい、高血圧、ストレス」は受け入れても、「心、うつ病、精神」のチャンネルでは話題の共有が難しそうです。ただ、紹介状を持って、今日ここに来られた事実には、必ず意味があるはずです。

説得・説明の前に対話が通じるチャンネルを探る

「お忙しいために、血圧も血糖値も高いままで、よくありませんね」

「はい、そうですね」

「内科のT先生のところだけで済めばよいのに、こちらまでご足労だったことでしょう」

「はい。あ、いえ。まあ、そうですね、ハハ……」

かすかな愛想笑いのようでしたが、あまりにドライにふるまう自身への内省か、抑制のようにも見えました。そのタイミングを見て、筆者から次のようなことを尋ねました。

◆どのような仕事なのか。
◆時間外労働は実質何時間あったか。
◆通勤にかかる時間や睡眠時間はどれくらいなのか。
◆通勤時の混雑の度合い（電車などの込み具合）はどの程度か。
◆中途覚醒などはどの程度か。
◆起床時の血圧はどのくらいか。
◆朝に運動などはできそうか。
◆おいしいものはおいしく食べているか。
◆自宅で測定できる血圧計はどこで買えるか。

ひとしきり、仕事と休養のコントラストと睡眠、体調管理に焦点を当てて問答を重ねました。業務以外にも、造船所で行われたテレビドラマのロケーションのことや、社員の家族・子どもたちへの船舶見学のイベント、ヤマトの姉妹艦、船舶のＪＩＳ規格などのことも含めて、数十分は対話が続きました。

「先生は、船のこともお詳しいですね」

「ええ、瀬戸内の港町の出身ですから、ハハ……」

少し、尾道（筆者の故郷）の話もしました。子どもの頃に見た観艦式の様子や、船が好きで何度も造船所に見学に行かせてもらったこと、そして、工場内の厳しい安全管理やＫＹＴ（危険予知トレーニング）など産業医の視点も含めて。

「仕事量も多く、お疲れかと思いますが、根本の原因は他にありますね」

「どういったことでしょうか？」

「睡眠不足が、体の代謝と脳に影響するレベルかと思われます」

「具体的には……血圧ですか？」

このあたりで、本題に入りました。

――月間百時間以上の時間外労働があり、シバタさんの通勤事情も併せて逆算すると、毎日四時間以下の睡眠しかとれない生活となっていること。これにより、コルチゾールを主としたホルモンバランスの乱れがほぼ必発し、現実に生活習慣病の増悪を招いている（血圧、血糖値の上昇）。併せて、先ほどの問診でわかったように、最近中途覚醒があり、次第に不眠傾向となりつつある。この状況が放置されれば、脳の機能、特に前頭葉機能に影響が出て、普段なら起こさないようなミスや約束の日時を間違えるなど、いつものシバタさんとは違う様子がもう現れているのではないか心配される。そして、こうした状況が自身に起こっていることに気づくと活気を感じられず、周囲から見ても元気がないと映っているかもしれない。

「心の病」「うつ病」という言語を用いなくても、忙しさゆえのストレスから現在起こっている状況について、警鐘を鳴らす意味も込めて説明していきました。そして、休もうにも休めない状況にある管理職へのねぎらいを込めて、こう添えました。

「本当にお疲れさまだと思います」

シバタさんは、それに応えてくれました。

「よくわかりました。このままではいけませんね。どうしたらいいでしょうか?」

「休日は週一日でも確保して、睡眠負債を返すことです。昼間もいくら寝てもいいです」

「睡眠負債……ですか?」

「そうです。毎日の睡眠不足がかさむさまを表した言葉です。人は、睡眠の貯蓄はできませんが、返済はできるようです」

併せて、前頭葉機能低下という論理からセロトニンなどのバランス保持の必要性についても再度説明して薬剤も処方し、以後は通院継続となりました。

シバタさんに限らず、「この患者さん、この人は、どんな話題に関心を寄せるのか、喜ぶのか?」について、ノンバーバルにも観察することが重要だと思います。共有できる話題の種類や詳しさのレベルを探っていく過程への注力は、後に生きることが多いように感じています。そして、対話が通じていくチャンネルに同調できれば、その次の課題は、どのような波長で伝えるべきか、です。すなわち、この人には、情緒に語りかけるナラティブが伝わりやすいのか、論理的に科学的なエビデンスを説くほうがよいのか、について推し量れれば理想的です。そのためには、過度の防衛を解く（ice breaking の）意味だけではなく、患者さん（来談者）の拒まない路線から、少しでも関心のある領域での対話にしばらく時間をかけることが役立つでしょう。

7 がん体験者の悩みを聴く時

●多くの人が直面する問題

わが国では、「二人に一人が、がんになる時代」と言われています。これは、生涯を通じての確率のため、とても高く感じられます。働く現役世代（六十歳まで）では、十人に一人以下とされていますが、決して少ない病ではありません。

がんの診断、治療、闘病の間に、多くの人が告知や再発という bad news を受けます。そして、この病が大きく影響する要素が、これからの「暮らし」であり「仕事」の問題です。治療を受けながらも働く人にとって、仕事とは生計を立て、自らの存在価値を確かめる大切な手段です。しかし、現状では、病院で自身の生活や仕事について相談するという発想は浮かびにくいものです。医療上の疑問は相談できても、仕事や経済面の悩みは吐露しないまま、自ら退職してしまう人も少なくありません。厚生労働省（「がん対策推進基本計画」二〇一二年）によれば、働く世代で、がんと診断される人は年間二十二万人に上り、有職者の三人に一人は、がん診断

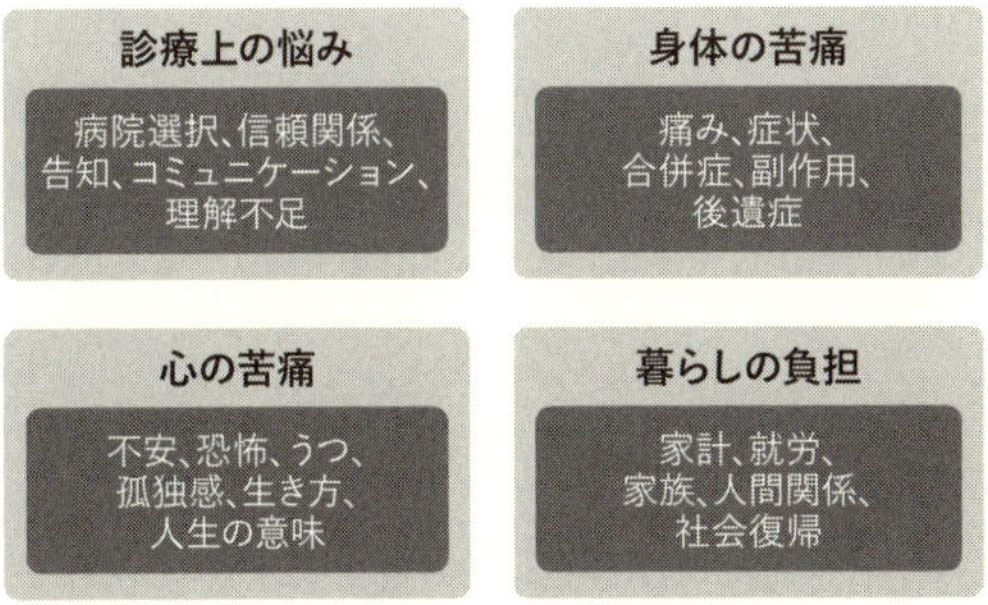

図12　がん患者・家族の悩みや負担（静岡分類の4つの柱）

静岡分類では、これらの柱を中心に、悩みや負担を大分類（15項目）、中分類（35項目）、小分類（129項目）、細分類（623項目）に分けており、新たな患者の悩みや負担も、ほとんどの場合、いずれかに分類されています。

後に自主退職か解雇という現実があります。

がん体験者が、その悩み・苦痛から、どのような安寧を求めているかに関しては、いくつかの知見があります。大別すると、①身体的なニーズ（身体的な苦痛の緩和、治療に関する情報がほしいなど）、②社会的なニーズ（家族に心配をかけたくない、治療と仕事の両立、相談できる相手がほしいなど）、③心理的なニーズ（今後の自分の在り方、このままでいたい、前向きでいたいなど）が指摘されています。これと類似しますが、静岡がんセンターによれば、図12のように、がん体験者の声・悩みが四つのカテゴリーに分類されています。

筆者は、前任地の労災病院で、がん治療と仕事の両立支援を進める際に、看護師、医療ソーシャルワーカー（MSW）、臨床心理士とチームを組んで、多くの患者さんとお会いしました。前述のように、病院内で治療以外の不安や悩みについて、積極的に自ら申し出る患者さんは多くありません。そのため、化学療法、入院、外来の各場面で、病院内をアウトリーチし、訪ねることにしました。現実に触れれば、静岡がんセンターの分類が指摘するように、患者さんたちの声は、次のように多様でした。

◆症状や治療について、もっと詳しく知りたい。
◆どの治療を受けるか迷っている。
◆日常生活で困っていることがある（入浴、移動、排尿、排便など）。
◆これからの食事について心配がある（食べ方、栄養）。
◆病気や治療について、親や子ども、友達、職場の人に、どのように話せばよいのか悩んでいる。
◆睡眠に問題を感じている。
◆漠然と不安を感じることが増えた。
◆通院が大変である。
◆病気や治療にかかる費用が心配。
◆仕事のこと、働き方、休めるかなどが心配。

◆今後の家族のことが気がかり。

●乳がん治療と家庭、仕事との両立を図る事例

アユミさん（四十歳代女性、ライター）は、ある年の秋に乳がんが判明し、部分切除術を受けました。入院中、担当のＭＳＷが面接したところ、家族関係や治療費についての心労を話されました。仕事は、在宅で雑誌コラムなどのライターを務め、仕事量のコントロールと他のスタッフへのワークシェアは可能な状況でした。そのため仕事の継続には大きな課題はないものの、どこか不安げで元気がない様子が心配とのことでした。ＭＳＷは、彼女の心理面の安定を図る必要を感じ、ストレスケアチームに依頼があり、筆者が定期的な面接を持つことにしました。

アユミさんは、ＭＳＷから、あらかじめ、「悩みがあって元気がないので、心理面のケア担当と会ってみませんか？」と勧められて来談されました。しかし、ここは初めての対面なのです。そこに、なぜ精神科医がいるのかについて、筆者は、硬質すぎない案内、エントランスがふさわしいと考えています。他の項でも触れていますが、初めての面接にあたり、聴き手の職種や立場について自己紹介をします。例えば、「病気と闘う上で、痛みや悩み、眠りの問題などへの対処を進める役割の医師です」と。他に、救急場面（ストレッチャーに横たわる人）や病

室（四人部屋などで他の方も在室しています）を訪ねて話をうかがう場合も、このような表現を用いています。「精神科の小山です」とあえて露出することが、硬質に感じさせてしまうのは、ご本人だけではないだろうと思うからです。また、端から「心の問題」に焦点化したエントランスはあり得なくて、体調や気分への漠然とした「具合」などを用いた open question から近づく感覚を大切にしています。

初回面接では、これまでの経過を淡々と話され、表情にも活気が乏しい様子でした。悲しいとか、悔しいとかの情緒を伴う話に及ぶと、それを打ち消すかのように「どうしようもないことなんですけど」と笑って横を向く。気持ちを切り替えようとするかのような防衛的な姿勢がうかがわれました。もう少し、ありのままを聴きたいとの聴き手の思いを伝えるために、「もっと詳しくうかがっても、かまいませんか？」とやんわり投げかけて、進めていきます。

◆「忙しい」が口癖で、黙々と飲酒が過ぎる夫。
◆こんな状況なのに、会話が乏しい。
◆どうして自分を、こんな病気がむしばむのか？
◆がんになるのなら、もっと老いていたかった。
◆がんばってきたのに、がんばってくれているのに……。

「不仲」などでは表せない、夫へのアンビバレントな気持ちがうかがわれました。どうして腹立たしいのかを問うと、だんだん、（あなたが）大事で、（私を）大事にしてほしいという思いが聴き出せたように思いました。裏面的な交流が見えてきます。

「言い争うようなことは、ありますか？」

「世間の夫婦並みには、してないですかね、特に最近は……ケンカもしない」

こうして、ケンカの話になりました。

「ケンカのゴール、目的って二つ種類があるようですよ」

「ええ？　どんなんでしょうか」

「相手をやっつけて、何かを奪うとか、支配するとか、戦争みたいなのと、本当はもっとうまくやりたい、わかり合いたいから、その分、やりこめたりダンマリだったりするのと」

「ケンカもしていないなら、ちゃんとしてみるのも悪くない？」

このようなところに、微笑ましく、いったん着地した対話場面となりました。

以後は、ケンカの後先と並行して、もう一つの彼女のキャリアである「母親」です。「（母親として）今、娘さんに何ができるか、伝えられるか」というテーマに焦点化されていきます。

これまで、いくつものキャリアをこなしていること、ワーク・ライフ・バランスを保持するよう努めてきたことについて、今が「割に合う」のかも含めて、考えてみました。そう意識してみれば誰にも肯定されることはなかったようだと話すアユミさんに対し、彼女の自我の在り方を支えるように、対話を進めていきました。

　手術の経過観察も済み、退院後、放射線治療で通院を続け、その後は自宅近くの病院に転院されました。その後も、面接の継続を希望され、不安軽減の手伝いを図っていきました。

　がんに罹患した働く女性への心理面の支えは重要です。一般に、乳がん患者のうつ病有病率は一〇～二五％と言われ、若年であるほど不安・抑うつは生じやすいことも指摘されています。アユミさんの場合は、罹患後の仕事量、自己裁量とワークシェアなどには幸いに大きな課題がないようでした。しかし、母親、妻、職業人という三つのキャリアをこなしながら、さらに「患者」として生きる女性のアイデンティティは、揺らぎも携えています。治療と仕事の両立、ワーク・ライフ・バランスの保持、いずれにも前向きであろうとする人には、支援以前に、享受されたい思いがあるように思います。それは、まず、複数のキャリアを（一人で何役も）こなしながら、新たに治療というタスクに向かう人に対する、あらためての敬いとねぎらいでしょう。この面接を進める上で意識したことは、入院生活での出会いからラポール形成のための工夫と、医学的主訴の聴取よりもdistress（つらさ、困っていること）の受け止めでした。言わば、自己一致、肯定的配慮、共感的理解へとつなげる過程と言えます。「今、ここ」において導かれるべきものは、カタルシスなのか、ソリューションなのかの察知は、普遍的にケアを図る場面ごとに求められるポイントとなるでしょう。

●がん治療中に自ら退職後、再就労をかなえた事例

ジュンイチさん（五十歳代後半男性、独身）は、ある年の一〇月に胃がんの手術を受け、その後、これまで四十年間務めた機械整備の仕事に復帰しました。しかし、以前と同じ仕事が体力的に「しんどい」ため、自身の希望もあり事務系の部署に配置転換となりました。けれども、なかなかＩＣＴ作業に慣れることができず、集中力が続きません。このままでは「周りに迷惑をかけてしまう」と思うようになり、休養も考えた結果、翌年の春に自ら退職しました。

仕事におもむくこともなく、外出も減り、次第に空虚な気分の毎日となっていきました。そのうち、「今は何もしていないのに体調がすぐれないのは、何か他の病気か、精神的な病気でもあるのではないか」と思うようになってきました。経過観察の外科の医師から紹介されメンタルヘルス外来を受診しました。初診時には、不眠と疲労、とにかく体がだるい感じを訴え、抑うつの傾向が見られました。心理面のサポートと抗うつ薬の投与により、不眠、抑うつの改善を図りながら、生活基盤・就労に関する支援を始める方針としました。

五十歳代後半の男性が、がんと診断され、治療・経過観察が始まりました。これからの暮らし、健康、仕事についてもこの先どうなるのか？……不安ながらも長年勤めた仕事を辞め、

アイデンティティは揺らぎがちです。そして、日々の体調の微妙な変化を懸念するようになり、「もう後がない」ような思いに駆られたことでしょう。がん体験を契機に、身体への注意・懸念が強まり、不安や不眠が出現した事例です。ジュンイチさんの「今、ここ」で解決したい問題は、三つありました。

◆不眠、全身倦怠感の持続により、生活全般にわたり意欲が持てない。
◆不眠への（焦りにも似た）非効果的コーピングとして飲酒が増した。
◆健康、体調の些細な変化へのとらわれ。

うつ、不安、不眠を医療的に緩和することばかりでなく、日々の暮らし、アイデンティティの支えについてＭＳＷ、臨床心理士とともに面接し、ケアを重ねました。二か月ほど経過し、抑うつ状態は回復、自らハローワークに毎週通うようになりました。その窓口でメンタルヘルス面の治療を受けていることを伝えました。精神障害者雇用トータルサポーターは、抑うつの程度について懸念しているようです。ジュンイチさん本人から、その旨を聴き、主治医として雇用トータルサポーターに手紙を書き、情報提供しました。次ページに掲げたのが文面の概要です。

ハローワーク○○　雇用トータルサポーター
ご担当者様

□□様について

このたびはお世話になっております。

ご本人からのお話をお聞きいただいていると思いますが、がん治療の過程で不眠に伴い、軽度の抑うつと不安高度化が認められ、「体調に自信がない」状況のためX年7月初旬から対応しています。

もしも再就労を進めるにあたり、意見書等必要なことがありましたらご連絡ください。疾病性は、いわゆる障害圏ではありませんが、今後の就労に向けて、ご協力のほどよろしくお願いいたします。

X年Y月Z日

小山文彦

雇用トータルサポーターは、ジュンイチさんが抑うつ状態にありながら、仕事をしなければと「背伸び」的に再就労を焦っているのではないかと懸念してくれていたのです。この文面で、その杞憂を払拭して、積極的に就労支援を進めていただくように意図したのです。

ジュンイチさんは、その後、就労に向けたセミナーを次々に受講し、この年の秋にビル管理業に再就労を果たしました。

8 「死にたい」をどう聴くか?

「死にたい」を受け止めた経験から、その言葉に込められるものは、大きく分けて二通りあるように思われます。これは明確な類別ではなく、双方への移行や帰属が含まれるのですが。

まず、「死にたい。」と、その意味合いがピリオドでくくられた場合は、決断、または、それに近い思いが重く置かれています。多くの場合、その思いを言語化することも難しいほど心理的な視野は狭まり、何かを人に委ねる余地は見出しがたくなっています。そして、対面では「去る」、電話では「切る」ように、別れ際、離れ際での言い残しや書き置き（遺書となる場合も）などに表されてしまいます。「死にたい」よりも、むしろ「死にます。」との対峙、あるいは無言の決心に追いつけなかった経験があります。

他方、「死にたい」に続くものが何かあるだろう場合、そこには、吐露できるならば、聴き取られるべきものが多くは封入されています。例えば、「死にたい（くらいつらい）」「死んでしまいたい（ほどに自分が嫌い）」などのように、聴き出せるならば、受け止められる余地が残されている場合です。対面やあらゆる媒体での相談において、このような場面が訪れたなら、動じないで、大切な機会だととらえるべきでしょう。

いずれの場合でも、求められるものは説得や論理ではありません。「……だから、こうですよね？」などと死への思いを過ちだと導くことは、その場で有効とは限りません。表面的に姑息的に「そうですね。わかりました」と阻止（邪魔）、防止されることから回避するのは、そう難しくはないのですから。そこにあってほしいのは、気分の同質の原理（I・M・アルトシューラー）とも相まって、「ともに在る」ことに力を注ぐことです。

●「死にたい。」とピリオドでくくられた場合

このような事態に至るまでに、主に何が作用してきたのかを考えなければなりません。心理・社会的に追い詰められた境遇にある絶望か、抑うつ気分や悲観的思考（うつ病像）ゆえのものか、あるいは幻覚や作為体験（「させられ」体験、精神病像）による被影響体験なのか等々。言わば、正気の希死念慮か狂気によるものなのかについての判断が先決となります。言葉を受けた「その後」を残すためにも、聴き取った人が協力をあおぐ、または委ねる「その先」としてふさわしいところを確保するためです。

ここに至るまでの紆余曲折が詳細に語られるよりも、断続的だったり、自暴自棄になり言葉

が続かない状態を真っ向から聴く場面となります。心理的な視野狭窄《しやきょうさく》のために、声が小さく、抑揚がない場合が多いでしょう。そのため、発語を一つひとつ、少し遅れながら、「そう（ですか）」「はい（うん）」と聴き取っていくことが望まれます。聴き取れない言葉があった場合には、やわらかく「なんですか（ね）」と問い返すこと、聴けた文節の最後の語句を問い返しながらフィードバックすることにより「場」をつくることに努めるべきでしょう。性急な語勢、雰囲気になりそうな場合は、身を挺して hold することが必要な場合もあります。

●「死にたい」に続くものが何かあるだろう場合

それが初対面であっても、既知の関係であっても、「死にたい」とともに遭遇した場面の前後に、連続性が求められないでしょうか。どうして「今、ここ」で、そう思うのかにフォーカスを当てることは必須でしょう。そのための問答を続ける。聴き取り、なぜかと問うゆるやかな応酬が続く。そうした辛抱強い問答から、ここに至るまでのナラティブが流れる「場」がつくられていきます。

その早いうちに、「死にたい」ほどつらい思いを「今、ここ」で話すために相応のエフォートを費やしたことへのねぎらいを表しましょう。例えば、「それは、その思いは、ずいぶん、長い間の、つらさ、というか、大変だった、そう思えるのですが……」などと、似たような句を区切りながら伝え返すことが多いように思います。流暢に返さないこと、語句の間にポーズを挟みながら、あらすじを急がないことでしょうか。緩徐なナラティブが流れることにより、共有、共通の言葉や思いが、その場に置かれていく。「ともに在る」ことに力を注ぐとは、このような作業と言えるのではないでしょうか。

「死にたい」くらいに「どうなのか？」に対する解をめぐる道のりを共に歩むために、次のような思いを伝えています。「すべてがわかったわけではない」こと、おおむねの「思いを受けて、悩むことに『無理もない』と思えた」こと、それゆえに「これからも聴かせてほしい」こと。

『ハムレット』に思う

それは、ウィリアム・シェイクスピアの有名な戯曲です。

デンマーク王子のハムレットは、父親（王）の急死にまつわる叔父の陰謀に怒り、あらゆる状況と孤軍奮闘するうちに、自身の味方や愛するオフィーリアまでも亡くし、多勢に追い詰められてしまいます。その悲しみと虚無感に打ちひしがれたハムレットのセリフ、「生きるべきか、死すべきか（それが問題だ）」は有名です。けれども、このセリフの原文“To be or not to be”は、そもそも「存在するのか、しないのか」といった意味で、生死の選択だけを意味する言葉ではないようです。

自分が自分として「在るか、失われるか」は、人々が様々な局面で強いられる決断であり、時には悲壮にわき上がる思いかもしれません。一般に、生命あることを「生きる」と言いますが、人が個として存在することは、自分らしく活き活きと在る、すなわち実存を意味します。例えば、「自分の希望をかなえるべきか、あきらめるべきか」「活き活きとしていたいが、現実は仕事で精いっぱいだ」など、自分らしく「在る」ことが、現実に負けそうな場面はたくさんあるのではないでしょうか。そしてまた、不思議なくらいに、自分らしく在ることや自分に素直になることを否定したり、邪魔してしまうのも自分だったりします。

楽しむことや自由を許されなかった時代を生きてきた筆者の父親などは、仕事の現役をとうに退いた今でも、娯楽や自由を謳歌していないように見えます。ある意味、現代には、もっと必要とも思われるがまんや抑制（心のブレーキ）というものが、どうもまだ強力なままなのでしょう。それを責めることはできませんが、往々にして心のブレーキというものは、いつも周りからの抑制（ストレス）だけではなく、自戒や自責がなすことも少なくないと思います。

ハムレットは躍動的な男でした。日々語り合い、笑い、時に悲しみながら、共に在る状況、本来なら誰しもが享受できるこのような状況が失われてしまい、そこで自分が「生きて」いけないのであれば、「在る」ことをあきらめなければならない、そんな決断を迫られたのでした。

「在る」は「ながらう」でもあります。一本の線のように時長く連なる自身の存在を、一つの点で終わりにするという選択は、確かにその時の彼にしかなされなかったのでしょう。けれども、本来は、点が線のように連なり生きるはずの日々を、逆さまから死線を敷かれ、目前でピリオドを打たざるを得なかったとは、あまりにも悲しい最期です。

ハムレットから学ぶことの一つとして、この孤軍奮闘の事態は、「在る」ことの確かさや大切さを見失わせるということがあります。悲劇の戯曲にあらずとも、予期せぬ事態や孤独を迎えている多くのハムレットに、本当は一人ではないこと、そのまま在って生きてほしいことを伝えるすべは、共に在る人からの声や便りにほかならないのです。

おわりに

二〇一七年冬、東京にも雪がちらつき始めた頃、本書の原稿を本格的につづり始めました。朝に夕に、地下鉄に揺られながら、あるいは街を歩きつつ、各項のアイデアが浮かべばスマートフォンに記録し、書きたい思いを収集しました。週末になれば、そこから広がるフレーズを展開してはつなぎ、できるだけ率直で自分の身の丈に合うように試行錯誤も重ねていきました。本書を世に出そうという企画の発端は、日々の暮らしの中で、職場などで、人の話を聴くことがもっと大事に扱われてほしいという願いからでした。「傾聴法」や「カウンセリングマインド」を扱う書籍が数多くある中、それらを意識することもあまりなく、精神科医としての実体験と日常から抽出された思いをまとめていきました。聴く力、聴く技術、聴くための原則等々、書き進めていく経過で、本書の趣旨に合うタイトルを冠するまでにも紆余曲折がありました。

人の悩みや心の問題を取り扱う責任は大きいと思います。しかし、それらを「聴く」ために何かの専門職や肩書きのようなものが必要なわけではありません。そして、精神医学や臨床心理学における技法や専門療法には、それぞれの適応範囲というものがあります。本来の認知行動療法やオープンダイアローグなども、その効力を発揮できる対象と場面は、それぞれ限定されます。多彩なスタイルや団体などがうたうカウンセリングというものも、もちろん万能ではありません。言い換えれば、「こうすればよい」と断定でき、「技術」とくくれるほどのドグマは見つからないものでしょう。その中で、地に足をつけてしっかりと在り続けるものは、人の在り方をおもんぱかりながら聴く姿勢と、そのためのセオリーのようなものだと、あらためて腑に落ちたのです。

そのムードで懐古的に思い起こし、一九九一年に精神科医としてデビューしてから数年間に体感した思いをどこかにつづっていたことを思い出しました。その記憶をたどり、本棚の片隅の分厚い成書に挟まれていた一枚のメモ書きを見つけることができました。そこには、例えば、「言ってはいけない」ことが増えすぎた事態への注意喚起や、関与しながらの観察、行動化への基本姿勢などが書き込まれていました。それらは、今も筆者自身の客観自我に染み込んでいる原則のようなものでした。さらに選りすぐり、最近の知見を加えて、本書では「10のセオリー」として紹介しました。随所に登場した各事例は、カルテをひもとき記録した実態そのものではありません。その場面ごとの記憶とイメージの中から、ナラティブの勘所に当たる部分をクローズアップしてみました。併せて、悩みやタブーや危機などにまつわるその人の思いを聴きながら、支えようとした筆者の思いについても率直に書き加えました。

そして二〇一八年二月になり、平昌《ピョンチャン》冬季オリンピックでは、感動する場面がたくさんありました。その中でも、ジャンプ女子ノーマルヒルの伊藤有希さんと高梨沙羅さんの姿が強く印象に残りました。自身は追い風に遭い、結果的に「四年前よりも悔しい」と語った伊藤さんは、飛び終えた高梨さんを抱きしめ、ゆらゆら揺らしたのでした。バーバルには「おめでとう」と聞こえたのですが、筆者には、「ずっと見てきたからね」と聴こえてきそうな抱擁とねぎらいに映りました。どう支え、どう伝えるか、相手へのおもんぱかりの尊さを、目頭を熱くしながら確かめたシーンでもありました。

本書が、読者のみなさまのかたわらで、少しなりともお役に立てば、この上ありません。

二〇一八年冬
小山文彦

| 著者紹介 |

小山文彦（こやま・ふみひこ）

東邦大学産業精神保健職場復帰支援センター（佐倉）
センター長・教授

広島県尾道市出身。1991年、徳島大学医学部卒業。岡山大学病院、香川労災病院などでストレス関連疾患の診療を経て、2004年より独立行政法人労働者健康安全機構で労災疾病等研究事業、厚生労働省委託「治療と仕事の両立支援」事業などを担当。2016年10月より現職。医学博士、精神保健指定医、日医認定産業医、日本精神神経学会専門医・指導医、日本産業精神保健学会理事、日本産業ストレス学会理事、日本外来精神医療学会常任理事、日本精神科産業医協会理事、日本職業・災害医学会評議員・労災補償指導医、日本総合病院精神医学会評議員、東京産業保健総合支援センター産業保健相談員などを務める。著書に『主治医と職域間の連携好事例30――治療と仕事の「両立支援」メンタルヘルス不調編Ⅱ』『治療と仕事の「両立支援」メンタルヘルス不調編――復職可判断のアセスメント・ツールと活用事例20』『ココロブルーと脳ブルー――知っておきたい科学としてのメンタルヘルス』などがある。

精《せい》神《しん》科《か》医《い》の話《はなし》の聴《き》き方《かた》 10のセオリー

二〇一九年 五 月二〇日 第一版第一刷発行
二〇二一年一〇月一〇日 第一版第七刷発行

〈著　者〉小山文彦
〈発行者〉矢部敬一
〈発行所〉株式会社 創元社
本　社 〒五四一-〇〇四七 大阪市中央区淡路町四-三-六
電　話 〇六-六二三一-九〇一〇（代）
ＦＡＸ 〇六-六二三三-三一一一（代）
東京支店 〒一〇一-〇〇五一 東京都千代田区神田神保町
一-二 田辺ビル
電　話 〇三-六八一一-〇六六二（代）
https://www.sogensha.co.jp/
〈印刷所〉モリモト印刷株式会社

装丁・本文デザイン 長井究衡

ISBN978-4-422-11704-1 C0011